Samuel Piquet

Ancien professeur de français, Samuel Piquet est l'une des plumes historiques du *Gorafi* et est journaliste à *Marianne*. En 2022, il écrit son premier récit, *Le Serment sur la moustache*, aux éditions de l'Observatoire, puis publie le *Dictionnaire des mots haïssables* au Cherche Midi en 2023.

DICTIONNAIRE
DES MOTS HAÏSSABLES

SAMUEL PIQUET

DICTIONNAIRE DES MOTS HAÏSSABLES

le cherche midi

ISBN : 978-2-266-34429-6
Dépôt légal : septembre 2024

Au génie d'Anne Hidalgo,
mort-né le 19 juin 1959 à San Fernando

Préambule

Ce livre est avant tout l'histoire d'un combat.

Il m'a fallu, pour l'écrire, séquestrer pendant six mois l'armée de *sensitivity readers* que m'a envoyée mon éditeur et les nourrir trois fois par jour d'articles du HuffPost et de romans « feel good » de Laurent Gounelle pour qu'ils ne m'accusent pas indûment de « répandre la haine ». J'ai pendant tout ce temps fait preuve d'une patience et d'une détermination qui m'étonnent encore à l'instant où j'écris ces lignes, réconfortant à toute heure qui se sentait offensé d'avoir été mégenré par un courrier de l'Urssaf ou qui se réveillait haletant d'un cauchemar dans lequel des inconscients prenaient l'avion au péril de la survie de notre planète et au mépris des rapports du GIEC. Le tout sans compter que ces êtres doués d'hypersensibilité ne peuvent s'endormir sans qu'on leur ait souhaité préalablement une « belle » nuit.

En outre, j'ai dû esquiver chaque jour ceux qui ont cherché à m'éliminer pour mes prises de position qui dérangent et pour avoir à plusieurs reprises fait vaciller les puissances occultes qui dirigent le monde. Je ne peux hélas pas les nommer, d'une part pour des questions de sécurité et d'autre part parce que Vincent

Bolloré, Xavier Niel et Sylvain Durif sont d'une grande susceptibilité.

Il m'a fallu, pour écrire ce livre, éviter pendant plusieurs mois tout contact avec les « romans contemporains », les articles de presse et les réseaux sociaux, risquant à tout moment d'être contaminé par une pensée *inspirante* m'invitant à *casser les codes* et à *faire bouger les lignes* en *brisant les tabous.*

Il m'a fallu également résister à la tentation d'écrire courageusement, comme tous mes collègues, une œuvre *engagée.*

Moi écrivain, j'aurais pu en effet dénoncer la faim dans le monde, mais j'avais un truc urgent à écrire sur LinkedIn. J'aurais pu également déclarer au péril de ma vie que « la guerre c'est pas bien ! », mais je craignais de concurrencer la cérémonie des César.

Moi écrivain, j'aurais pu faire l'éloge de la médiocrité en la confondant avec la nullité, mais Guillaume Meurice m'a hélas devancé.

Moi écrivain, j'aurais pu profiter de cette publication pour abjurer mes privilèges, mais en tant que mâle blanc de presque cinquante ans je les ai si bien *intériorisés* que je ne parviens pas à les retrouver et au contraire de Monsieur le ministre je n'ai nulle intention d'inspecter les renflements pour les dénicher.

Moi écrivain, j'aurais pu confesser mes rêves inavouables et *problématiques* dans lesquels le président jongle avec des torches sur un radeau flottant dans un océan d'essence, mais je n'apprécie que modérément les comparutions immédiates.

Moi écrivain, j'aurais pu publier un beau livre d'autofiction ou un témoignage *poignant* sur mon dernier *trauma*, mais cela revient exactement au même, soyez plus attentif.

Moi écrivain, j'aurais pu dans cet ouvrage fustiger l'inaction climatique, mais chaque semaine charrie son lot de livres sur le sujet et je dois reconnaître que je ne suis pas mécontent d'avoir un peu moins froid l'été lorsque je me rends dans ma résidence secondaire à Dunkerque.

Moi écrivain, j'aurais pu témoigner à mes lecteurs tout l'amour que je leur porte, mais en tant qu'auteur consciencieux je me devais d'écrire plus d'une ligne.

Moi écrivain, j'aurais pu défendre la langue française en choisissant d'écrire un dictionnaire amoureux, mais les éditeurs en publient un tous les deux jours si bien que les seuls domaines qui n'en ont encore jamais été l'objet sont le bilboquet pour manchots et les notices d'électroménager en hongrois.

Pour toutes ces raisons et bien d'autres encore, il m'a paru hautement nécessaire d'aborder un sujet plus noble en tentant de réhabiliter la haine qui peut être salvatrice lorsqu'elle est bien dirigée et en refusant de faire corps avec cette langue hideuse qu'on nous impose partout; cette langue de silicone prête à combler du vide, dont la matière est invariablement la même mais dont l'emballage change sans cesse tant le but recherché semble toujours le même : la vente du *produit*.

À l'inverse de cette démarche cupide, mon ouvrage *ultra-inclusif* et populaire entend s'adresser à tous les citoyens, aussi bien les riches héritiers parisiens que les Français moyens résidant à Monaco.

D'autres mots auraient sans doute pu figurer dans ce dictionnaire si l'éditeur m'avait davantage pris au sérieux et s'il m'avait versé un à-valoir digne de ce nom (manoir en Anjou, villa sur la côte basque ou photo dédicacée d'Olivier Véran torse nu). Malheureusement, il n'en a rien été, bien au contraire puisque je vis actuellement avec la même femme depuis plus de vingt ans et, qui plus est, dans le même département que Pierre Palmade.

Quoi qu'il en soit, ces ajouts n'auraient en aucune façon pu améliorer cet ouvrage car comme je le disais fort justement moi-même pas plus tard qu'à l'instant : « On ne saurait rien ajouter à un chef-d'œuvre. »

A

Acting n. m. « Jeu d'acteur » pour les non-francophones et les journalistes des *Inrocks*, les seconds n'excluant pas les premiers, bien au contraire.

Addictif adj. Super, trop cool, chanmax (vieilli). *T'as maté la nouvelle série sur Netflix ? Elle est vraiment addictive !* Les addictions modernes ont ceci de particulier qu'elles suscitent la dépendance sans provoquer d'extase et ce bien que certains complotistes affirment avec le plus grand sérieux qu'on peut ressentir du plaisir en regardant la série *Baron noir* ou des films français récents avec Virginie Efira. Emprunté à l'anglais en 1979, du bas latin *addictus*, « adonné à », le mot « addictif » était autrefois synonyme de « compulsif » et signifiait, selon Le Robert : « Qui crée, dénote une dépendance », avec l'idée que celle-ci pouvait avoir « de graves conséquences sur la santé », le mot « addict » signifiant « toxicodépendant ». Désormais, grâce à notre modèle de société dans lequel la dopamine est considérée comme notre meilleure amie et où les grands gagnants sont ceux qui parviennent à « capter l'attention », l'addiction est souvent connotée de façon méliorative. Mais pas toujours, il y a en effet la bonne et la mauvaise addiction. « Addict » au jus de goyave et aux chroniques *décalées* de « C à vous » = bonne addiction. Addict à la bière devant « L'Heure des pros » de Pascal Praud = mauvaise addiction.

Adopter v. t. Emprunt (XIIIe s.) au latin juridique *adoptare* de *ad*, « à », et *optare*, « choisir », le verbe « adopter » est d'abord spécialisé en droit au sens de « choisir légalement pour enfant ». Dès le XVIe siècle, il s'emploie au figuré pour signifier « faire sienne une opinion, une décision ». Son sens s'étend encore à la fin du XVIIIe et au début du XIXe siècle puisque c'est là qu'apparaît le sens de « choisir pour soi de manière durable ». Malgré cette évolution sémantique demeure dans toutes les acceptions du mot l'idée d'engagement, de choix quasiment définitif. Auparavant, on adoptait uniquement des animaux, voire, pour les plus malchanceux, des enfants, ce qui pouvait se révéler extrêmement fastidieux lorsqu'il fallait s'en occuper un soir de finale de la « Star Academy » et qu'on était à court d'alcool fort pour les faire dormir. Grâce à l'évolution des mœurs, on peut désormais adopter une mode, une coiffure, des réflexes, les bons gestes face à la pandémie ou mieux, un mec seulement pour la soirée. Sans l'inconvénient d'avoir à attendre l'été pour s'en débarrasser au bord de la route.

Adresser v. t. Mettre en lumière, mettre au jour, pointer. Comme si on n'était pas suffisamment envahis par les anglicismes, on a trouvé le moyen d'en inventer de nouveaux qui existent déjà en français sous une autre acception afin d'ajouter à la confusion. Le mot « adresser » est le plus souvent employé par des personnes à qui on a furieusement envie de redresser la tronche.

Adulescent n. m. Mot convoquant l'attendrissement pour des quadragénaires intoxiqués aux jeux vidéo et incapables de se montrer matures dans quelque domaine que ce soit si ce n'est leur faculté à « tenir l'alcool » dans les soirées entre potes. L'adulescent a malgré tout une chance de trouver l'amour, mais uniquement avec une attachiante (cf. Attachiante).

After n. m. L'expression « avoir un after » est l'équivalent du dernier mot dans les concours d'éloquence. Auparavant, on n'aurait pas hésité à provoquer en duel quiconque aurait eu l'outrecuidance de partir avant le dessert après avoir été invité à dîner dans une maison de bonne réputation. Aujourd'hui, si quelqu'un quitte l'assistance à 22 heures après avoir englouti tous les canapés du bar en disant : « Désolé, j'ai un after », il se verra rétorquer : « Ah, d'accord, ben merci, c'est super sympa d'être passé. » On n'arrête pas le progrès.

Agenda n. m. Emprunté (1535) à une forme latine du verbe *agere*, « agir », signifiant « ce qui doit être fait », « choses à faire », le mot a pu désigner jadis, à l'époque où les gens avaient un vrai travail, un petit cahier dans lequel on notait différents rendez-vous à des dates précises afin de ne surtout pas les oublier. Il désigne désormais un espace théorique servant uniquement à tenter de prouver son intense activité et à justifier sa paresse, tout en reportant aux calendes grecques tout embryon de réflexion et toute velléité d'action. *Voilà une question primordiale qui mériterait d'être inscrite à l'agenda du gouvernement.*

Agilité n. f. Du latin *agilitas*, « vivacité physique et intellectuelle » : opportunisme mâtiné de lâcheté savamment travesti sous des apparences de diplomatie et d'intelligence tactique. *Sous l'Occupation, beaucoup de Français ont su faire preuve d'agilité.* Au XIXe siècle, le mot « agile » magnifiait la démarche de la passante de Baudelaire que le poète observait avec avidité, aujourd'hui il sert à privilégier la vitesse d'exécution et la capacité d'adaptation pour mieux faire passer la restructuration et les licenciements. On « avance » (cf. Avancer).

Alchimie n. f. Sensation de compatibilité extrême qu'éprouvent la plupart des couples quelques mois avant de divorcer. Il ne sort jamais sans son pull sur les épaules, même les soirs d'été, ou prend l'accent italien quand il demande une « *pasta alla carbonara* » dans les restaurants Pizza Pino ? Elle vous dit que c'est une grande fofolle dès qu'elle est « un peu pompette » et fait le signe avec les doigts quand elle dit « entre guillemets » ? Il arrive parfois que l'osmose se poursuive même en position horizontale et qu'elle sache vous affrioler avec un pyjama couvert de petits lapins tandis qu'il fait montre de tact et de délicatesse en vous annonçant « j'te préviens, tu vas prendre » ? Il n'est alors pas exagéré de parler de « véritable alchimie ».

Aligné adj. Qualifie des êtres humains dont la vie entière est divisée en « objectifs ». Non contents de penser que les planètes trouvent un intérêt à leur existence, ils croient dur comme fer que leurs « étapes de vie » peuvent influencer la cosmologie et, partant, la marche du monde. *Je suis trop contente. J'ai réussi à caler un rendez-vous chez le coiffeur entre ma séance de reiki et mon cours de Pilates. Je suis vraiment alignée en ce moment, c'est un signe !* Le seul endroit où l'on aimerait voir ces gens alignés, dans nos rêves les plus inavouables, c'est contre un mur et face aux fusils.

Amalgamer v. t. Mélanger des choses qui n'ont absolument rien à faire ensemble, voire qui sont antithétiques ou qui se repoussent comme l'immigration et le risque terroriste, l'eau et l'huile ou Philippe Besson et la littérature. Sous le coup de l'émotion, notamment lors d'attentats, les gens les plus influençables et les plus impressionnables ont ainsi tendance à penser naïvement que le principal danger qui guette le pays n'est pas l'amalgame mais la multiplication des « attaques au couteau ». Il est frappant de constater à quel point le terme « amalgame » s'est éloigné de son sens étymologique. Emprunté au latin médiéval *amalgama*, qui pourrait venir d'une expression arabe, « *amal'al ğam* », « l'œuvre d'union », il désigne originellement l'alliage du mercure et d'un autre métal, puis au sens figuré un « mélange hétérogène de personnes ou de choses de nature différente ». C'est en ce sens que l'a employé, dans *La Nouvelle République*, l'ancien joueur et entraîneur de football argentin Angel Marcos, louant, dans l'équipe championne du monde emmenée par Lionel Messi, « *un amalgame qui se crée* ». Ce que scandent involontairement les partisans du multiculturalisme en brandissant à tout-va le slogan « pas d'amalgame ! », c'est « halte au mélange ! ». Propos « nauséabond » qui rappelle « les heures les plus sombres de l'histoire ».

Ambiancer v. t. Rendre faussement festif un événement faussement important. *En déclarant à trois reprises qu'il ne lâcherait rien dans la course à la présidentielle, François Fillon a ambiancé le Trocadéro.* Le terme « ambiance », courant à partir de Villiers de l'Isle-Adam (1885) au sens d'« atmosphère matérielle ou morale », selon *Le Dictionnaire étymologique de la langue française* (Le Robert), a peu à peu quitté le domaine littéraire pour passer dans l'usage courant. Il était donc parfaitement logique qu'il achève sa chute chez LR. Il ne manquerait plus qu'il soit utilisé dans une soirée animée par « les jeunes avec Barnier » pour être définitivement enterré.

Ancré adj. La fréquence d'utilisation de ce terme est inversement proportionnelle à votre degré de profondeur. Plus vous insistez sur l'importance d'être « ancré », plus votre couche de superficialité se rapproche de celle du déni d'un supporter du PSG avant la phase finale de la Ligue des champions ou celle d'un défenseur de Macron convaincu de la pertinence de l'expression « président philosophe ».

Anthropocène n. m. Calque de l'anglais *anthropocene*, « ère de l'humanité » (« anthropo » est tiré du grec *anthrôpos*, « être humain »), le mot est un néologisme formé dans les années 1980 par l'écologiste américain Eugene F. Stoermer. Il a été popularisé en 2000 par le Prix Nobel de chimie néerlandais Paul Josef Crutzen. La plupart des thuriféraires de ce concept sont convaincus, à la manière de ceux qui se réclament de la postmodernité, que nous vivons « une nouvelle ère », conséquence de « l'accélération de l'histoire », preuve que si l'humanité est entrée dans « l'anthropocène », elle n'en a pas encore fini avec l'anthropocentrisme. L'emploi de ce terme en dit en réalité moins long sur notre planète que sur ceux qui pensent pouvoir la protéger et qui s'estiment plus éclairés et plus à même de changer le monde que tous leurs prédécesseurs. Quand on fait la moyenne du QI des défenseurs du concept, on a de sérieux doutes.

Apaiser v. t. Condamner les factieux qui empêchent les citoyens d'apprécier pleinement le 49.3. *L'allocution du président de la République aura pour but d'apaiser les Français.* D'abord attesté pour « faire la paix », sens encore en usage en 1532, le verbe « apaiser » a ensuite signifié « faire cesser une chose par la paix » puis, plus récemment, selon Le Robert, « amener à des dispositions plus paisibles, plus favorables ». Ces dernières années, le mot est devenu un élément de langage commode en politique pour faire croire qu'on ne cherchait que l'accalmie quand bien même on avait soi-même provoqué les tensions. Lors de son allocution mi-avril, le chef de l'État a fixé « cent jours » pour apaiser le pays, le tout en évacuant d'emblée les revendications des citoyens avec un brin d'arrogance, sinon de mépris. Le site 20 minutes s'interrogeait ainsi le 18 mai : « "Cent jours" : entre relance et provocations, Emmanuel Macron est-il vraiment dans l'apaisement ? » La réponse est sans doute dans la question. Et il n'est pas impossible que l'apaisement contrefait génère encore plus de colère que le bras de fer assumé. Dans le livre de Jérémie au chapitre 6, le prophète se plaint de l'attitude de ses concitoyens et du contraste entre leurs paroles et leurs actes qui trahit leur manque de discernement : « Ils traitent à la légère la blessure de mon peuple, en disant : "Paix ! La paix !" alors qu'il n'y a pas de paix. » Le président pourra toujours arguer qu'il ne fait que respecter les traditions.

Apprenant n. Élève moderne réduit à une seule fonction, dont on n'attend rien d'autre et dont on sous-entend, par la confusion entre le substantif et le participe présent, qu'il aura déjà bien du mal à remplir ce rôle, étant toujours, pour reprendre le splendide jargon de l'Éducation nationale, « en cours d'apprentissage » et les notions qu'il apprend n'étant qu'« en cours d'acquisition ». Le mot « élève » présuppose l'existence d'un maître, d'un *magister* qui va l'aider à grandir. Or rien n'est plus réactionnaire que l'idée d'un enseignement vertical et la soumission de l'élève à des règles. La preuve : depuis l'avènement du pédagogisme, de la théorie de « l'élève au centre » et du refus de l'enseignement « descendant », l'école française ne s'est jamais portée aussi bien. C'est pourquoi le professeur doit rester à sa place, celle qu'il est appelé à occuper très souvent à l'avenir : dans les colonnes « faits divers ».

Appropriation (culturelle) n. f. Fait de prendre à l'autre quelque chose qui ne lui appartient pas non plus sauf à sacraliser de manière *nauséabonde* les identités et au risque de se livrer à l'appropriation culturelle d'idées d'« extrême droite ». À noter que l'appropriation culturelle, avant de devenir un gros mot, était le dessein de l'école pour tous les élèves : faire en sorte qu'ils acquièrent une culture suffisamment vaste pour affronter le monde et penser par eux-mêmes. Aujourd'hui, le concept est régulièrement défendu par des gens qui voudraient abolir la propriété.

Asap (acronyme de *as soon as possible*). « En espérant que tu auras oublié d'ici là. »

Assumer v. t. Emprunté au latin *assumere*, « prendre pour soi », le verbe « assumer » a d'abord signifié « prendre, absorber du vin » avant d'avoir le sens moderne de « prendre à son compte, se charger de », selon Le Robert. L'affirmation « j'assume » est devenue un tel slogan dans la bouche des politiques qu'il est parfois fort difficile d'en discerner encore le sens originel. Lorsque Olivier Véran se rend sur le plateau de

Cyril Hanouna après avoir déclaré quelques semaines plus tôt qu'il avait fait le choix de ne jamais y aller et qu'il dit « j'assume », qu'assume-t-il exactement ? Les critiques ? Son reniement ? Lorsque les députés Renaissance et Modem de Loire-Atlantique déclarent : « J'assume la réforme » devant les habitants, selon un article d'*Ouest France* du 12 mars 2023, mais que certains reconnaissent devant les journalistes que « sur le terrain c'est compliqué », s'agit-il d'une véritable conviction ou d'un simple mot d'ordre ? D'ailleurs, peut-on vraiment assumer les décisions prises par d'autres ? On se souvient par exemple qu'Emmanuel Macron avait « assumé totalement » la vente d'armes à l'Arabie saoudite en pleine guerre du Yémen. Or on est en droit de douter qu'il s'occupe lui-même des morts. Si les politiques semblent de plus en plus prompts à « assumer » leurs prises de position, ils semblent moins désireux d'en « assumer » les conséquences. Tout comme la remise en question qui va avec. En résumé, moins on assume ce qu'on a fait et ce qu'on a dit, plus il semble opportun de dire qu'on assume. *Oui, j'ai torturé des personnes âgées avnt de mettre le feu à une crèche et d'éviscérer vivants des animaux, mais j'assume !*

Astro-compatibilité n. f. Faculté pour un couple de durer grâce à « l'alchimie » des signes astrologiques. Concept souvent moqué par le Cancer ascendant Vierge dont le cynisme dû à l'entrée d'Uranus en Taureau l'empêche d'accéder à la connaissance sensible. L'astro-compatibilité permettrait pourtant d'éviter environ 99,3284 % des divorces, selon l'AATT (Association des astrologues de TikTok). Si toutes vos compagnes précédentes vous ont quitté, cela n'a absolument rien à voir avec le fait que vous soyez un goujat. N'essayez donc surtout pas de changer mais veillez en revanche à bien étudier le signe, l'ascendant et le décan de votre potentiel futur conjoint avant de vous engager dans une relation amoureuse.

Voici quelques règles très simples à respecter par tous pour donner une chance à votre relation : évitez de coucher le premier soir avec un Taureau, de rouler des pelles dans le sens inverse des aiguilles d'une montre à un Scorpion ascendant Verseau, de rester après minuit un soir de pleine lune chez un Bélier natif du 3e décan, de cuisiner à l'ail chez un Poisson ascendant Vierge et de boire un jus d'oranges sanguines avec un Scorpion. Si vous ne retenez pas tout, inutile de céder à la panique : compte tenu du contexte actuel et de l'entrée de Jupiter en Verseau qui va bouleverser durablement tous les équilibres, il est de toute façon conseillé, pour ne pas mourir dans d'atroces souffrances, de reporter toute relation sexuelle à mars 2035.

Attachiant adj. Enfant atrocement pénible qui n'a d'attachant que le fait que vous n'arriviez absolument pas à vous en débarrasser. (Syn. : hyperactif, Emmanuel Macron.)

Attachiante adj. Femme désespérée qui n'a pas trouvé d'autre moyen pour s'attacher à quelqu'un que d'exhiber sur les réseaux sociaux son orthographe de tueuse lexicale en série et de vanter ostensiblement ses défauts et sa folie sous les traits de sa forte personnalité et de ses goûts aussi intéressants qu'un candidat des « Douze Coups de midi » adepte du tuning et fan de Matthieu Delormeau.

Authentique adj. Peut qualifier aussi bien l'hygiène d'un candidat de « Koh-Lanta » parvenu en dernière semaine qu'un canapé démodé de chez Conforama.

Le terme – orthographié *auctentique* au début du XVe siècle par confusion probable avec *auctoritas* – est emprunté (1211) au bas latin *authenticus*, adjectif signifiant « original » au sens de « bien attribué » (pour un texte), le substantif neutre *authenticum* désignant quant à lui un « acte juridique qui peut faire foi ». Authentique est tellement usité de nos jours que l'adjectif en arrive à signifier exactement l'inverse de son sens étymologique, car ce qu'on attend d'un objet, à l'instar de votre amour pour votre conjoint, c'est uniquement qu'il « fasse authentique ».

Autoentrepreunariat n. m. Période de transition entre un travail salarié et le chômage.

Autofiction n. f. Genre antilittéraire qui suit logiquement le chemin inverse de la littérature. Imagine-t-on un instant Marcel Proust présenter *À la recherche du temps perdu* comme une « autofiction » ? Ainsi, plutôt que de tendre à l'universel au sein même de l'intime, ce genre non littéraire va plus loin et réduit systématiquement les sujets les plus métaphysiques à des épisodes de sa petite vie étriquée. Il ne faut donc pas s'étonner qu'on trouve parmi les porte-étendards de cette sous-catégorie un yogi incontinent du verbe et une spéléologue du vagin qui a fait de la répétition plate un art de vivre. « Quand je vous parle de moi, je vous parle de vous, comment ne le sentez-vous pas ? Ah, insensé qui crois que je ne suis pas toi », écrivait Victor Hugo dans la préface des *Contemplations*. Christine Angot répond supérieurement : « Même quand on vous parle des autres, on vous parle de moi, comment ne le voyez-vous pas ? Ah, insensé qui crois que tout n'est pas moi ! » Ce qui donne, traduit en langage angotien : « On parle. Des autres. Beaucoup. On en parle. On parle beaucoup des autres et on parle des autres beaucoup. Et pourtant c'est moi. De moi qu'on parle. De moi à travers les autres. Des autres et de moi. Mais surtout de moi. Moi. Moi et mon double. Mon double et moi. Les deux à la fois. Simultanément et l'un après l'autre. L'un après l'autre et simultanément. »

À la lecture d'une autofiction, il n'est donc pas impossible que vous ressentiez le même plaisir extatique que celui que vous éprouvez devant un porno avec Gilles Verdez tourné dans une chambre décorée par Valérie Damidot.

Avancer v. i. Ne jamais réfléchir aux conséquences de ses actes. Si vous êtes ouvert aux idées de votre époque comme un boomer à la propagande covidiste, et si de surcroît vous croyez à la théorie hégélienne du sens de l'histoire bien que celle-ci se soit depuis plus de six ans fracassée contre le « en même temps macronien » avec la régularité d'une prestation décevante d'un Français à Roland-Garros, vous êtes sans doute « une personne qui avance ». *Maintenant, il faut avancer, de toute façon, c'est déjà* acté *dans plein de pays et personne ne s'en plaint.* Issu du latin populaire *abantiare*, dérivé de *abante*, « avant », de *ab* et du latin classique *ante*, le verbe « avancer » a de multiples significations. Dès le XIIe siècle, il a pu être synonyme de « marcher », de « faire venir en avant » ou encore d'« accélérer ». Ces dernières années, c'est l'équivalent de « progresser » qui s'est imposé, car « aller de l'avant » ne peut être que bénéfique, surtout quand on ne sait pas où on va. « Il faut beaucoup de morts pour faire avancer l'homme d'un centimètre », disait Malraux. Mais ça, c'était avant. Aujourd'hui, on marche beaucoup plus vite et avec beaucoup plus d'assurance vers sa tombe.

B

Bankable adj. Talentueux financièrement. *Les Chevaliers du fiel sont des artistes infiniment bankables.* (Syn. : Jeff Koons.)

Batterie n. f. Formé sur le verbe « battre », le mot « batterie » a d'abord signifié « prix reçu pour avoir battu le grain » au début du XIIe siècle. D'après l'expression « battre le métal », le terme a ensuite désigné l'ensemble des ustensiles en métal battu dont on se sert pour la cuisine. Depuis quelques années, les politiques aiment annoncer une « batterie » de réformes ou de mesures, pensant sans doute que le nombre important figuré par l'emploi de ce terme est un bon « argument marketing ». Cet emploi laisse volontiers supposer que ces mesures se suffisent à elles-mêmes, et que tout va ensuite marcher tout seul. Considérer des objets fabriqués à la chaîne, et qui se ressemblent tous, comme le symbole du progrès, c'est beau comme le macronisme.

Beau, belle adj. Auparavant, le Français avait le mauvais goût de réserver son jugement esthétique à des objets qui lui en semblaient dignes, comme un coucher de soleil, un poème de Baudelaire ou un best of de Patrick Sébastien. Aujourd'hui, la démocratisation de la beauté permet de souhaiter au premier pékin qu'on croise une « belle journée » et à ses amis un « bel anniversaire », le tout dans l'unique but de faire croire qu'on est une « belle personne ».

Bienveillance n. f. Depuis plusieurs années, on demande aux professeurs de pratiquer « une notation bienveillante ». Or le mot « bienveillant » est formé à partir de « bien » et « voillant », « veillant », participe présent ancien de vouloir, d'après le latin classique *bene volens*, et signifie donc « qui veut du bien » à autrui. En quoi agirait-on pour le bien des élèves en abaissant les exigences et en surnotant leurs copies pour aboutir à plus de 90 % de réussite au bac ? C'est qu'en réalité le mot « bienveillance » est utilisé de plus en plus souvent non pas dans le sens de « vouloir le bien » d'autrui, mais dans celui de « voir le bon, le positif » chez l'autre. Il faut avouer que l'idée n'est pas mauvaise pour éviter le constat d'échec, mais les conséquences risquent d'être dramatiques à terme. D'une part parce que ce n'est pas respecter les enfants de la République que d'exiger d'eux le minimum, d'autre part parce qu'on les habitue dès leur plus jeune âge au mensonge. Les adultes n'y échappent pas non plus : les discours prônant la bienveillance ont tellement abreuvé les médias et le milieu de l'entreprise que certains formateurs en communication s'interdisent désormais d'employer ce mot. Il n'est d'ailleurs pas rare, lorsqu'on enquête sur les nouvelles formes de *management*, d'entendre des employés à qui l'on n'avait jamais osé formuler le moindre reproche par « bienveillance » raconter qu'ils ont été licenciés du jour au lendemain. En outre, une fois l'imposture mise au jour, le regard positif que l'on nous invite à poser sur ce qui nous entoure risque d'être d'autant plus mis à mal que la bienveillance a peu à peu remplacé la fraternité de la devise républicaine et que, sans cette dernière, la communauté de citoyens que nous formons a peu de chances d'être soudée, comme nous avons pu le constater lors des émeutes. On ne remplace pas les principes d'une nation par des mots creux sans conséquences. Permettre aux citoyens d'être libres et égaux en droits, n'est-ce pas le meilleur moyen de leur « faire du bien » ? En ce sens, « fraternité » est presque un synonyme de bienveillance. Mais il est un emprunt au latin classique *fraternitas*, « relation entre frères, entre peuples », désignant des communautés religieuses et laïques, or il semble qu'on ait depuis longtemps renoncé à cet idéal, lui préférant la « bienveillance » moderne, sorte de vivre-ensemble positif où on nous invite à remplacer la recherche du bien d'autrui par un filtre approbateur. Une fraternité débarrassée du sentiment d'appartenance, en somme la version « citoyens du monde » de la « fraternité ». Mais ne soyons pas trop critiques : la bienveillance telle qu'on la conçoit aujourd'hui présente des avantages non négligeables puisqu'il suffira pour l'atteindre de ne pas reprocher à ses enfants d'avoir passé douze heures d'affilée devant les écrans ou de préférer le divorce aux disputes. « La bienveillance, il y a des maisons pour ça », aurait sûrement dit Guy de Maupassant s'il avait vécu à l'époque d'Aurélien Taché. Malheureusement, l'histoire est capricieuse et ces deux génies ne se rencontreront jamais.

Binge-watcher v. t. Consacrer ses journées à regarder des épisodes de séries tout en se plaignant d'être constamment « overbooké » (cf. Overbooké).

Bouger v. t. Du latin tardif *bullicare*, « fréquentatif », de *bullire*, « bouillir », avec transposition au domaine du mouvement, le mot a pris ces dernières années le sens moderne d'« amorcer un changement ». Outre qu'il est représentatif du relâchement lexical des journalistes et des politiques qui sont de moins en moins réticents à employer des mots familiers, il trahit également l'idée – comme pour le verbe « avancer », déjà évoqué précédemment – que le seul fait de se mettre en mouvement constituerait nécessairement un progrès. « Nous allons bouger », a par exemple déclaré la Première ministre Élisabeth Borne dans le *JDD* du 5 février 2023, à propos de la réforme des retraites, sans éprouver le besoin de préciser la direction que le gouvernement comptait prendre, comme si cette simple annonce de mouvement se suffisait à elle-même. La présence de « bouger » dans les médias est accentuée par la récurrence de l'expression « faire bouger les lignes », devenue en quelques années un cliché journalistique. Le verbe est d'ailleurs régulièrement employé sans semi-auxiliaire. Le 7 janvier, *Le Monde* titrait par exemple : « Cédric Fauq, l'art de bouger les frontières du musée ». Mais cela va plus loin puisque trente-trois ans après la sortie de *Bouge de là* de MC Solaar, on voit apparaître le substantif « bougé ». Dans un article du 27 janvier de *Public Sénat* consacré à l'inscription du droit à l'IVG dans la Constitution, une sénatrice de gauche qualifiait de « bougé incroyable » le changement de position des LR sur la question. Dans un article du *Monde* du 10 janvier sur le dialogue entre Macron et Berger, on apprenait même qu'à Matignon cette main tendue était considérée comme « un bougé contre un bougé ». On en viendrait presque à regretter le « win-win ». Et quand on voit ce que le mouvement En marche ! a donné, on ne peut qu'être tenté d'imiter le cerveau de Louis Boyard ou les paupières de Madonna et de réhabiliter l'immobilité.

Brainstormer v. t. Organiser le plus de réunions possible afin de justifier un salaire indécent pour un travail inexistant.

Burn-out n. m. Mot à la mode qui permet d'esquiver les soupçons d'indolence et de laisser-aller souvent attachés au terme « dépression » dans l'imaginaire collectif et qui laisse entendre qu'on s'est effondré pour la bonne cause : le travail.

C

Call out v. t. Dénoncer sur Internet. Enfin délivré de l'emprise du regard des autres dans la sphère religieuse, le citoyen moderne n'a rien trouvé de mieux pour son accomplissement que de s'y soumettre à nouveau et à toute heure grâce aux réseaux sociaux.

Cancel v. t. Bannir de la sphère des gens fréquentables, condamner à la guillotine médiatique. Réhabilitation moderne de l'étiquette sous le règne du Président-Soleil, à la différence que les courtisans de Louis XIV avaient conscience de faire partie d'une élite et de servir un roi alors que les Social Justice Warriors sévissant sur Twitter sont convaincus de combattre le système et d'être issus de la grande famille des Dominés. Faire taire leurs adversaires idéologiques par tous les moyens est vécu comme un triomphe sur la pensée rétrograde. Les thuriféraires de la « cancel culture » aiment en général prétendre que celle-ci n'existe pas, ou seulement à la marge, sans se rendre compte qu'en n'assumant pas jusqu'au bout leur position ils la condamnent eux-mêmes en creux. Ils accusent régulièrement leurs adversaires de céder à la « panique morale », autre expression qui mériterait à elle seule une encyclopédie tant son inversion accusatoire et tous les sophismes qu'elle renferme feraient passer Francis Lalanne pour un penseur de renom.

Capital n. m. Il y a quelques décennies, le capital pouvait désigner le pécule que les particuliers parvenaient à amasser au fil des ans et de leurs patientes économies. La situation actuelle des classes moyennes étant ce qu'elle est, le capital désigne désormais l'apparence de culture que vous parvenez péniblement à contrefaire auprès de vos proches, concept déjà évoqué par Bourdieu qui désignait ainsi l'ensemble des ressources culturelles dont dispose un individu. Il peut également être suivi du mot « santé » (le capital santé), mais ce n'est pas tout, loin de là. Il semble que désormais n'importe quel mot puisse être accolé au capital. « Pourquoi est-il vital de préserver son capital musculaire ? » s'interrogeait RTL le 31 mai 2023. « Santé : il est urgent d'investir dans le capital humain », titrait le journal *Les Échos* le 22 juin. « Et si le capital sympathie des candidats était la clé souterraine de la présidentielle de 2022 ? » se demandait le site Atlantico fin 2021 au moment de la campagne présidentielle. Au début des années 2000, on a également vu apparaître en sciences sociales la notion de capital militant. Ainsi, le nom commun « capital » désigne de moins en moins souvent la richesse d'une entreprise ou d'un individu et encore moins l'ensemble de ceux qui les possèdent ainsi que les moyens de production. Au contraire, non seulement le terme, dans ses acceptions modernes, recoupe des domaines très divers mais, en outre, il semble moins devoir être partagé équitablement que préservé. Tout le monde n'aura pas sa part du grand capital ? Qu'importe, chacun aura à gérer plein de petits autres capitaux. Issu du latin *capitalis*, « de la tête », le mot a peu à peu perdu son côté central pour désigner des choses plus périphériques. Le capitalisme financier a ceci de particulier qu'il absorbe avec une grande aisance tout ce qui tendrait à s'opposer à lui. C'est son triomphe de parvenir à faire d'un concept collectif une notion éminemment individuelle. Un capitalisme qui parvient à dissimuler son radical a-t-il encore quelque chose à craindre ? Sans doute pas, et c'est bien dommage, car à tous ceux qui utilisent à tout bout de champ le mot « capital », on infligerait volontiers la peine capitale.

Care n. m. Catégorie regroupant toutes les activités de soin à la personne qui mériteraient d'être rémunérées selon tous les pourfendeurs du capitalisme et de l'argent roi.

Cartel n. m. Dans les expositions, note d'intention de l'artiste ou de son attaché de presse qui s'est complètement substituée à l'œuvre contemporaine en lui prodiguant une foule de qualités absolument inobservables à l'œil nu. Il n'est ainsi pas rare qu'un collage incohérent d'éléments aussi hétéroclites qu'inintéressants sur une toile soit décrit comme « le symbole de nos identités éclatées réunifiées en un commun à la fois diversitaire et solidaire ». De même, une toile vierge simplement barrée d'un trait noir horizontal pourra se muer en « expression de la pensée révolutionnaire par la couleur sombre et la puissance de la ligne ». Enfin, un objet du quotidien scotché au mur deviendra « un acte de résistance face au non-sens existentiel », voire symbolisera « l'irruption de l'art dans une époque gangrenée par la recherche du profit », ce que *Télérama* ne tardera pas à qualifier de « chef-d'œuvre bousculant les codes bourgeois », le bout de scotch « représentant à la fois la chaîne qui nous retient captif et la fragilité de nos existences soumises aux aléas de la vie ».

Anne Hidalgo s'empressera alors de commander à l'artiste une œuvre monumentale pour la ville de Paris pour la modique somme de 3 millions d'euros en se vantant de défendre la création artistique et en nous gratifiant d'un aphorisme *inspirant* dont elle a le secret comme « l'art c'est la vie ». Pour tutoyer la perfection, il ne manquera plus, lors de l'inauguration, qu'une reprise de *La Bohème* par Kendji Girac.

Caser (se) v. pron. Trouver une place dans la société à défaut de la trouver dans le cœur de son conjoint.

Cash adj. On ne peut plus consensuel. *Au sujet de Zemmour et de Le Pen, les déclarations cash d'Anne Sinclair.*

Célibattante n. f. Contraction de « célibataire » et « battante ». Quand on lit la présentation que ces célibataires font d'elles-mêmes sur les réseaux sociaux, on se dit que c'est surtout leur futur conjoint qui aura besoin de courage et d'une immense détermination.

Celzéceux pron. dém. Ceux pour les analphabètes.

Chakra n. m. Bouée de secours pour les gens qui se cherchent désespérément des qualités ou une identité et qui peuvent donc se consoler d'avoir l'intelligence et l'esprit fermés en se vantant d'avoir les chakras ouverts.

Challengeant adj. Fâcheux, embarrassant. Mot extrêmement commode pour transformer sa vie insignifiante en roman d'aventures constellé de rebondissements grâce à l'art du « storytelling ». *J'ai trouvé un poste de community manager dans une start-up qui développe du contenu Internet à deux heures de chez moi à peine* *et en CDD pour trois mois, c'est super challengeant!* Un conseil : si votre manager vous annonce qu'il va bientôt vous proposer quelque chose de « challengeant », commencez à chercher un autre *job.*

Charge (mentale) n. f. Pression quotidienne à laquelle doivent faire face les cadres des boîtes de *consulting* pour justifier leur salaire.

Chiller v. i. Être oisif, prendre un peu de repos après avoir glandé pendant des heures au bureau. Attention, on ne dira jamais d'un ouvrier ou d'un paysan qu'il « chille », d'une part car il parle le français, d'autre part car il bosse vraiment, lui.

Chirurgical adj. Mot de plus en plus courant qui a remplacé « précis » dans beaucoup de domaines, notamment sportif et militaire, « frappe chirurgicale », et qui part du principe que le travail du chirurgien ne peut être qu'extrêmement minutieux. Quand on voit ce que votre chirurgien esthétique a fait à vos lèvres, on peut avoir quelques doutes.

Cinglant adj. Désigne un propos tout à fait quelconque prononcé par une personnalité. *La réponse cinglante d'Anne Hidalgo à ses détracteurs.* L'adjectif, qui signifie « qui fouette », est régulièrement employé au sens figuré, comme synonyme de « blessant » ou « vexant », mais il ne peut être utilisé que pour qualifier un discours militant pour la bonne cause. Ainsi, lorsque le président de la FFF minimise les tensions au sein de l'équipe de France féminine en déclarant : « Elles n'ont perdu aucun match. Donc elles peuvent se tirer les cheveux, ça m'est égal », la réponse de la ministre ne peut être que cinglante face au sexisme avéré de Le Graët.

Peu importe que Marlène Schiappa se contente, elle aussi, d'aligner des poncifs : « C'est affligeant. [...] C'est ce que l'on appelle du sexisme ordinaire. [...] Ce sont des propos d'un autre temps », elle « a vivement taclé Noël Le Graët », selon BFM. Bref, plus le discours est attendu et consensuel, plus il définit avec précision les contours du bien, plus il est « cinglant ».

Circlusion n. f. Conception de l'acte sexuel moins *hétérocentrée* que la pénétration considérant que la femme est aussi active que l'homme pendant le rapport. Si on était à la fois pointilleux et de mauvais esprit, on arguerait que c'est un concept dont pourraient se servir les violeurs pour se dédouaner de leur crime. Mais comme nous ne sommes que *bienveillance* et compromis, nous préférons ne rien dire.

Climatosceptique adj. Contraction de « climat » et « sceptique ». Climat est emprunté (v. 1278) au latin *clima*, « inclinaison de la calotte céleste », d'où « partie du ciel », par extension « latitude » puis « région, contrée ». Le terme « sceptique », quant à lui, emprunt savant (1546) au grec *skeptikos*, « qui observe, réfléchit », est inexplicablement devenu péjoratif : athée dont les raisonnements alambiqués polluent l'atmosphère et qui ne croit ni à la religion du climat ni à la fin imminente de la planète. Pour lui prouver qu'il a tort et que l'apocalypse est pour demain, il est conseillé de le sacrifier sur-le-champ sur l'autel du dieu écologiste, de préférence dans les flammes, il sera bien obligé de se rendre compte qu'il avait tort.

Clivant adj. De « cliver », emprunté au néerlandais *kliewen*, « fendre » : contraire à la doxa. Si quelqu'un ne pense pas comme il faut, il est « clivant », s'il pense bien en prônant la violence, il est radical. S'il pense bien sans prôner la violence, il est engagé (cf. Controversé et Engagé).

Coconstruire v. t. Se mettre d'accord avec d'autres personnes qui ne savent pas plus que vous ce qu'elles veulent construire. Emprunté au latin *construere* (XIIIe s.), « entasser par couches avec ordre », « ranger », mais aussi « empiler, édifier », le mot « construire » est déjà composé de *cum*, « avec », qui a donné « co ». Le terme « coconstruire » se fonde donc sur une redondance. Apparu dans les années 2000, il fait partie de ces nombreux mots d'abord utilisés en entreprise avant de passer dans le champ politique. Serait-ce le mot idéal pour faire oublier qu'on est en train de tout détruire : l'enseignement, l'industrie, les services publics? Il est commode en tout cas pour diluer les responsabilités. « De tous les actes, le plus complet est celui de construire », disait Paul Valéry qui ignorait tout, ce grand naïf, des bienfaits de ce concept. La coconstruction, c'est un peu comme l'intelligence collective, ça marche beaucoup moins bien quand on met tous les QI négatifs ensemble. Je vous laisse donc imaginer ce que ça peut donner avec des platistes ou des sympathisants d'Aurélien Taché.

Cocooning n. m. Repli sur soi autorisé. Vous adorez rester dans « votre petit nid douillet », surtout l'hiver entre une séance de *binge-watching* et un *souping*, le tout en pratiquant le *pulling*? Autrement dit vous aimez plus que tout enrober d'une pellicule « tendance » et d'un frisson d'audace votre morne vie qui se rapproche quand même beaucoup moins de celle de l'aventurier que de la marmotte? C'est que vous êtes sans conteste un adepte du « cocooning ». Le terme est certes issu de l'anglais *cocoon*, auquel on a eu l'idée astucieuse d'ajouter *-ing*, mais celui-ci est emprunté au français *cocon*, qui vient lui-même du provençal *coucoun*, qui signifie « coque d'un œuf ». Pour résumer, on réemprunte à un pays, qui se l'est entre-temps approprié, quelque chose qui était à nous à l'origine. C'est aussi ingénieux que de transmettre un savoir-faire aux Chinois puis d'en devenir rapidement dépendant au point de leur acheter très cher le moindre objet et de ne plus être capable d'en fabriquer soi-même au moment où on en a le plus besoin, par exemple lors d'une pandémie. Heureusement que cela ne viendrait à l'idée d'aucun esprit sain !

Cododo n. m. Période de régression parentale non assumée, et généralement pratiquée au nom du « bien-être » de l'enfant, au cours de laquelle il n'est pas rare d'entendre le papa et la maman (cf. Maman) demander à bébé chéri s'il veut sa totote, s'il a bien fait miam-miam ou s'il a envie de faire popo. Trop longtemps exposés à ce mode de vie, papa et maman finissent par ne plus faire crac-crac et par se contenter de bisous-bisous avant de se dire bye-bye.

Collabite n. f. Femme accusée de pratiquer des fellations sur les défenseurs du patriarcat par toutes les néo-féministes déplorant qu'on réduise la femme à sa sexualité et que les hommes ne pensent qu'à ça.

Collapsologie n. f. Croyance consistant à penser, décennie après décennie, qu'il ne reste que 761 jours à vivre. Si les collapsologues sont parfois moqués pour leur *écoanxiété* et pour leur peur d'une catastrophe sur le point de se produire, comment leur donner tort alors que paraît chaque année un livre d'Amélie Nothomb et que nous sommes sous la menace constante d'une vidéo de Camille et Justine ? En outre, il faut bien reconnaître qu'il y a d'innombrables choses qui ont moins de chances de se produire que la fin du monde. Qui oserait nier par exemple que la probabilité d'une apocalypse imminente est infiniment supérieure à celle de voir Zaz sortir une bonne chanson ?

Compétences n. f. Emprunté vers 1460 au bas latin *competentia*, « proportion, juste rapport », puis, plus tard, « capacité due au savoir, à l'expérience ». Le terme a remplacé à l'école les connaissances, le savoir, ou encore l'exigence et a définitivement détrôné le mérite, jugé trop discriminant et trop fondé sur l'héritage social alors qu'il en est le parfait synonyme. Son seul avantage sur ce dernier, si l'on en croit la faculté avec laquelle on distribue les « compétences » dans l'Éducation nationale, est que celles-ci s'acquièrent plus facilement, ce qui leur fait perdre précisément tout mérite.

Si, lors d'un examen, on vous interroge sur les grandes périodes historiques et sur l'histoire des idées, on vous demande de nommer les capitales de plusieurs pays et de citer au moins cinq grands classiques de la littérature française, et que vous vous révélez incapable de répondre à la moindre question, c'est que vous avez indéniablement beaucoup de « compétences », certes temporairement non acquises, mais qui ne demandent qu'à être *validées*. Car contrairement aux bêtes connaissances immuables, les compétences sont, à l'instar des valeurs contemporaines, mouvantes et irréductibles à des normes réactionnaires ou à des règles ne cherchant qu'à enfermer les dominés dans le carcan conservateur de la culture snob dont seuls *Les Inrocks* et *M le magazine du Monde* cherchent à s'affranchir. Bref, après le « tout est culture », le règne du « nous avons tous des compétences » les arase et les uniformise. Après tout, tant mieux, à quoi servirait-il d'en avoir plus qu'il n'en faut ? L'important n'est-il pas de savoir *s'adapter au marché* ?

Complosphère n. f. Agrégation de tous les complotistes fantasmée par les défenseurs inconscients d'un conspirationnisme autorisé. Convaincus que la moitié de l'humanité complote contre eux simplement parce qu'on ne partage pas toujours leur avis éclairé et accusant au moindre bug de leur ordinateur les hackers russes, les croyants en l'existence de la complosphère vous expliquent doctement faire partie du « cercle de la raison » tout en étant persuadés que la fermeture de leur boulangerie de quartier est l'œuvre de Poutine. Ils sont tellement subversifs qu'ils lisent *Franc-Boomer* tous les mercredis.

Concernant adj. Adverbe devenu adjectif par la grâce de la langue de carton qui sévit à peu près partout. Un sujet « concernant » désignera ainsi un thème auquel chacun peut s'identifier. L'intérêt et les conditions de vie du plus grand nombre n'étant plus depuis longtemps la préoccupation principale des politiques et des médias, on fera mine de s'intéresser à leur intimité pour compenser. *Pourquoi l'invisibilisation de la géographie du poil chez les hommes est un sujet concernant.*

Condamner v. t. Affirmer que « c'est vraiment pas bien » à l'occasion d'un crime crapuleux ou d'un attentat terroriste. Associé à la locution adverbiale « avec la plus grande fermeté », le verbe ne manque jamais de terrifier les voyous et de dissuader les terroristes de « passer à l'acte ».

Conscientiser v. t. Faire entrer le bien de force dans l'esprit et l'âme d'un être égaré idéologiquement. *S'il continue à me chauffer avec ses réflexions de vieux con réac, je vais lui conscientiser la gueule sévère.* Le verbe « conscientiser », qui tend à se répandre, est une transcription du néologisme anglais *to conscientize*, dont les emplois sont « mal définis », selon le site de l'Académie française. Le terme n'est pas plus heureux en français puisqu'il peut remplacer aussi bien « avertir » que « sensibiliser » ou « faire prendre conscience ». Le mot « conscience », emprunté au latin *conscientia*, dérivé de *conscire*, de *cum*, « avec » et *scire*, « savoir », désigne proprement le savoir en commun. Il comporte une valeur morale jusqu'au XVIIe siècle et désigne la « connaissance intuitive du bien et du mal ». Ce qui est intéressant avec l'apparition du terme « conscientiser », c'est qu'on considère que la connaissance du bien et du mal n'est plus intuitive mais dépendrait nécessairement d'un enseignement extérieur. Ce n'est donc pas un hasard si « conscientiser » a remplacé « faire prendre conscience ». La seconde expression induit que la prise de conscience est soumise à l'adhésion de l'interlocuteur qui conserve son libre arbitre. En préférant le premier terme, on estime que l'adhésion va de soi puisqu'on ne fait que transmettre des vérités ou des dogmes. De là à dire que les positions sur le climat ou les stéréotypes de genre sont de nouvelles religions avec leur lot de prosélytes, il n'y a qu'un pas, que nous nous interdisons naturellement de franchir.

Consommer v. t. Nos aïeux avaient développé l'habitude idiote de ne « consommer » que de la nourriture, pas toujours très ragoûtante d'ailleurs. Mais grâce au grand remplacement du citoyen par le consommateur, on peut désormais consommer aussi bien des sketchs des Chevaliers du Fiel que des chansons de Vianney ou des vidéos YouTube d'influenceuses beauté. Qui oserait encore dire après ça que l'humanité ne progresse pas ?

Contenu n. m. Le fait que le même mot puisse désigner aussi bien une conserve de saucisses-lentilles qu'une « performance artistique », une « pensée du jour » ou une « analyse sur TikTok » devrait inciter les créateurs desdits contenus à employer un tel terme avec quelque réticence. Il n'en est rien et pour cause : la plupart de ces *contenus* nous rendent extrêmement nostalgiques des années étudiantes et redonnent toute leur saveur aux pizzas surgelées et aux raviolis bon marché.

Controversé adj. « Qui fait l'objet d'une controverse, contesté, discuté. » Controverse, emprunté au latin *controversia*, « discussion, débat », est formé à partir de *contra*, « contre », et *versus*, « tourné », littéralement « tourné vis-à-vis », d'où le sens de « discussion argumentée ». L'adjectif « controversé » est pourtant souvent connoté négativement dans les médias. Il a servi notamment à qualifier le professeur Raoult une fois que celui-ci a été considéré comme discrédité. C'est ainsi qu'a été également qualifié le dessin de Xavier Gorce pour lequel le journal *Le Monde* a tenu à présenter des excuses, affirmant que ledit dessin « n'aurait pas dû être publié ». C'est par ce terme que sont régulièrement désignées des personnes avec lesquelles on refuse de discuter. Le mot « controversé », qui signifie à l'origine « propice au débat », est donc devenu peu à peu synonyme d'indéfendable, d'indésirable ou d'infréquentable, et une personnalité controversée est un individu qui mérite l'excommunication médiatique. N'est-ce pas là le signe incontestable que notre société est bien plus ouverte qu'avant ?

Countryfication n. f. Édouard Manet écrivait que « la campagne n'a de charme que pour ceux qui ne sont pas obligés d'y habiter ». Comme en écho, Jules Renard lui répondait : « C'est en pleine ville qu'on écrit les plus belles pages sur la campagne. » C'était avant la « countryfication », concept visant à rendre « tendance » l'exode urbain et la vie à la campagne faite essentiellement de promenades solitaires au cours desquelles on peut prendre le temps de respirer à pleins poumons des pesticides au milieu de la nature, entre deux décharges à ciel ouvert remplies de rongeurs. On aurait pu croire que le terme, formé sur *country*, finisse par séduire les foules grâce à ses accents à la fois bucoliques et « dylanesques ». C'était compter sans l'apparition de Trois Cafés gourmands. (Syn. : passer l'éternité avec Jean Castex.)

Coworking n. m. Sur le papier : mise en commun d'un espace de travail, du loyer et des compétences de plusieurs travailleurs. Dans la réalité : façon de donner vie à une activité inexistante pour se faire croire qu'on est « en chemin » et à deux doigts de « se réinventer ». (Syn. : chômage partiel non rémunéré.)

Crush n. m. Attirance incontrôlable pour la future personne qui vous décevra. *Quand il m'a dit qu'il fallait mettre des MOTS (« M.O.T.S. ») sur des MAUX (« M.A.U.X. ») et que c'était l'un des principaux messages qu'il essayait de faire passer en tant qu'« artiste multisupports », j'ai tout de suite su que c'était lui !*

D

Date (prononciation anglaise) n. m. Rendez-vous galant puis par métonymie « personne qu'on se destine à rencontrer lors de ce rendez-vous », voire « individu avec lequel on a pratiqué 36 allers-retours en levrette ». Les seuls détails qui le différencient d'une poupée gonflable ou d'un vibromasseur sont que ces derniers sont en général un bien meilleur coup, que le « date » ne peut pas être jeté dans une poubelle destinée à cet effet après usage et qu'il faut parfois même trouver des arguments pour le convaincre de la nécessité de ne jamais revenir.

Deadline n. f. Échéance en français.

Déambuler v. t. Emprunté au latin *deambulare*, « se promener », le verbe est assez rare avant le XIXe siècle et a pris une valeur familière. Il signifie, selon Le Robert, « marcher sans but précis, selon sa fantaisie » et est synonyme de flâner (qui a lui-même le sens de « se promener sans hâte, au hasard, en s'abandonnant à l'impression et au spectacle du moment »). Le principe de la déambulation est donc précisément de ne pas avoir d'autre but que de déambuler, tout le contraire des visites planifiées longtemps à l'avance des politiques qui ne cessent pourtant de « déambuler » ces derniers temps, qu'il s'agisse du président ou de son ancien Premier ministre Édouard Philippe. L'emploi de ce terme dans un tel contexte montre bien à quel point rien de ce qui figure dans « l'agenda » des politiques ne laisse de place au hasard et à la spontanéité. On ne peut pas programmer la simplicité et la décontraction ni rendre l'artificiel naturel. Et à force de calculer tous les paramètres de la moindre rencontre avec les Français, ils prennent le risque de s'en éloigner chaque jour un peu plus tout en les écoutant un peu moins. Mais comme leurs préoccupations les intéressent assez peu, cela tombe en définitive plutôt bien.

Débunker v. t. Remplacer un biais idéologique par un autre, en général moins assumé et beaucoup plus pernicieux.

Décalé adj. Complètement consensuel. Dont « l'impertinence » et « l'irrévérence » (cf. Irrévérencieux) ne sont pas sans rappeler respectivement les meilleures chroniques humoristiques d'Aymeric Lompret et les questions les plus profondes d'Augustin Trapenard comme : « Est-ce que pour vous c'est important de donner du bonheur aux gens ? » Au XVIIe siècle, « original » a une nuance de sens péjorative et est souvent synonyme d'« excentrique » et de « bizarre ». Aujourd'hui, être « original » ne suffit plus puisque tout le monde l'est, il faut être « décalé ». Dans un monde qui fourmille d'idées insolites pour ne pas dire délirantes, le décalage risque d'être un art de plus en plus compliqué en plus d'être complètement artificiel. Ainsi, ce qui est annoncé comme « décalé » est souvent aussi singulier qu'un homme qui arbore fièrement un tatouage à l'épaule sur une plage d'Italie en croyant se distinguer, et aussi inattendu que cette phrase : « Notre journal offre à ses lecteurs un regard décalé sur l'actu. » Il n'est pas impossible qu'à force de ne proposer que du « décalé », celui-ci désigne dans quelques années un ton neutre et une information annoncée avec le plus grand sérieux. Et que le comble du décalage soit sous peu incarné par Alain Duhamel.

Décloisonnement n. m. Attesté en 1965, le mot « décloisonner » signifie « ôter les cloisons », le terme « cloison » venant quant à lui du latin *clausio*, « fermeture ». Si cela peut se révéler bénéfique – on aimerait par exemple beaucoup que l'administration française soit davantage décloisonnée –, le mot et ses modalités d'emploi ne sont pas exempts d'une idéologie à la mode qui veut que toute ouverture soit bonne par essence et que tout ce qui s'y opposerait soit synonyme d'affreux « repli sur soi » empreint d'intolérance. C'est souvent un peu plus complexe que cela, les cloisons peuvent également jouer un rôle protecteur et il n'est pas certain par exemple que l'Ukraine trouve géniale l'idée de décloisonner ses frontières avec la Russie. À l'école, le concept de « décloisonnement » est plébiscité depuis de nombreuses années, mais celui-ci se fait souvent au détriment de la matière enseignée : si certains sujets ou exercices méthodologiques peuvent s'y prêter, considérer que tout enseignement doit être « transversal » marque au mieux une méconnaissance des spécificités des disciplines, au pire un manque d'exigence dans la transmission des savoirs. Mais réjouissons-nous : cela peut être un atout dans une époque qui exalte l'ignorance.

Décoloniser v. t. Apparu en 1310, le terme « colon » est emprunté au latin *colonus*, « cultivateur », « métayer », « fermier et habitant d'une colonie », il est très usité en latin médiéval pour désigner le tenancier d'une terre. « Coloniser » n'apparaît qu'en 1790 et « décoloniser » en 1963 au sens de, selon Le Robert, « permettre ou effectuer la décolonisation d'un pays, d'un peuple colonisé et par extension d'un groupe humain, voire d'un secteur socioéconomique considéré comme colonisé ». Ces dernières années, alors même que la colonisation est terminée depuis cinquante ans, les appels à décoloniser se multiplient. En août 2021, une pétition a circulé pour « décoloniser » le nom de la Nouvelle-Zélande. En février 2022, un groupe de travail missionné par la région de Bruxelles-Capitale a planché sur « la transformation de l'espace public colonial existant en un espace public décolonial véritablement inclusif ». Certains universitaires veulent même décoloniser les arts, les savoirs en général, les mathématiques, les sciences ou encore la littérature. Au risque de confondre les périodes de création et de recherches avec leur objet. Et d'oublier que c'est toute la richesse et la complexité de l'homme que de faire émerger des choses précieuses même dans les pires moments de son histoire.

Déconstruire v. t. 1/ Capacité à déceler les clichés, les impensés hérités de traditions dépassées et les concepts jamais remis en question dans n'importe quel discours excepté le sien (cf. Coconstruire). *L'oppression patriarcale du mâle blanc cis-hétéro témoigne d'une masculinité toxique jamais questionnée et d'un patriarcat systémique qui refuse de conscientiser la lutte des minorités œuvrant pour une meilleure représentativité intersectionnelle de la diversité, le tout afin de mieux* *conserver ses privilèges et d'empêcher la décolonisation des esprits intoxiqués par l'occidentalisation de la pensée universaliste et la blanchitude des mécanismes de pouvoir à l'œuvre au sein des institutions racistes et reproductrices d'inégalités.*

2/ Démonter (familier). *On n'a pas dormi de la nuit, il m'a déconstruite jusqu'à l'aube.*

Décrypter v. t. Faire semblant d'analyser ce que tout le monde avait compris. *Qu'a voulu dire le président en déclarant que tous les Français étaient des grosses feignasses irresponsables ? En exclusivité, le décryptage de nos journalistes.*

Le mot « crypte » est emprunté au latin *crypta*, « caveau souterrain », « grotte », lui-même emprunté au grec de même sens, *krupté*, « grotte », de l'indo-européen *kruptein*, « cacher ». « Décrypter », apparu en 1929, signifie, selon Le Robert, « traduire en clair un message chiffré, restituer le sens d'un texte obscur ». Ce terme est de plus en plus souvent utilisé par les médias, des rubriques entières sont même consacrées au « décryptage ». Si on peut comprendre l'insertion de cette mention lorsqu'il s'agit d'analyser les discours politiques d'un point de vue rhétorique afin de déceler des stratégies oratoires ou de démasquer des intentions, l'usage de ce terme peut surprendre lorsqu'il apparaît en en-tête d'un simple article de journal, ce qui est de plus en plus souvent le cas. L'utilisation récurrente de ce mot instille l'idée d'une « valeur ajoutée », d'un travail qui va plus loin que dans un papier lambda, insinuant qu'un article de journal est habituellement vide. Il n'est donc pas sûr que l'usage réitéré du « décryptage », qui s'entendrait pour des hiéroglyphes ou des haikus de Christophe Castaner, soit dans ces cas précis une bonne nouvelle pour le journalisme.

Dégustation n. f. Il ne se passe plus un jour sans que le moindre serveur de fast-food vous souhaite une « bonne dégustation » en vous tendant des *tenders* ou en vous donnant des donuts et de manière plus générale en vous apportant des plats aussi appétissants qu'un sandwich triangle prémâché par Didier Deschamps avant son opération. Outre l'aspect pléonastique d'une telle formule, elle se révèle si souvent abusive compte tenu de la nourriture qu'on vous propose d'ingérer qu'il n'est pas rare de fantasmer l'arrivée de Philippe Etchebest sur les lieux pour remettre tous ces bonimenteurs à leur place : c'est-à-dire dans une agence de télémarketing ou dans un cabinet de conseil.

Déminer v. t. Poser une mine puis venir sur place avec son détecteur en feignant la surprise et en demandant à chacun de garder ses distances le temps de « régler la situation », cela consistant la plupart du temps à s'habituer à vivre avec ladite mine. Le terme, attesté dans les années 1950, signifie, selon Le Robert, « débarrasser un terrain, une zone, des mines qui en interdisent l'accès ». Si l'on peut comprendre le parallèle guerrier lorsqu'on se rend en terrain hostile, comme lorsque le ministre de l'Intérieur arrive en Corse après plusieurs jours de tensions, on a plus de mal à justifier son utilisation dans d'autres occasions, notamment dans le contexte des réformes du RSA ou des retraites, car les « mines » en question n'ont certainement pas été posées par des adversaires du président mais par le gouvernement lui-même. Il y a d'ailleurs quelque chose de cocasse à présenter comme une action héroïque la tentative de résolution d'un problème dont on est le seul responsable. C'est un peu comme demander à Cyril Hanouna d'animer un débat sur les dangers de la recherche de l'audimat à tout prix afin de sensibiliser les jeunes à cette question, sachant qu'il serait capable d'inviter pour l'occasion toute l'équipe de BFMTV et Jean-Marc Morandini. Après la guerre, un bon démineur sacrifiait parfois sa vie pour sauver celle des autres. Aujourd'hui, un bon démineur est lobbyiste pour des marchands d'armes.

Dépoussiérer v. t. Ôter toute la complexité et l'originalité d'une œuvre, d'un concept ou d'un art pour n'en laisser que la surface. *Avec* Cher Connard, *Virginie Despentes a totalement dépoussiéré le roman épistolaire.* Le terme signifie littéralement « débarrasser de la poussière » et il faut bien reconnaître qu'il serait complètement inepte de penser que celle-ci, symbole de notre nature mortelle, du temps qui passe et de la superposition des époques, serait susceptible de nous apprendre quelque chose. Quelle valeur pourraient avoir toutes ces strates accumulées, toutes ces périodes barbares et ignorantes de la grossophobie et des idéologies *problématiques* ? (Cf. Grossophobie et Problématique.) La plupart des metteurs en scène contemporains l'ont bien compris, eux qui dépoussièrent les classiques avec la délicatesse de Vianney et Louane reprenant « Dis, quand reviendras-tu ? » de Barbara en prime time sur France 2. Ainsi, on ne peut que louer l'initiative de David Bobée de « revisiter » *Dom Juan*, lui qui démontre dans sa note d'intention que s'il est un grand metteur en scène, il aurait pu tout aussi bien être un immense critique littéraire : « En relisant *Dom Juan*, j'ai réalisé que chaque scène qui compose cette pièce représente quelque chose contre lequel je lutte depuis toujours. Dom Juan est tour à tour classiste, sexiste, glottophobe, dominant. » Était-il possible de mieux synthétiser ce chef-d'œuvre de Molière ? Annonçant ensuite dans une langue parfaite, que n'aurait pas reniée le dramaturge français le plus illustre, vouloir « continuer (s)on travail de revisitation des grandes figures littéraires », il ose poser la seule question qui vaille : « Faut-il réécrire le répertoire pour le public de ce début de siècle, ou faut-il simplement décider de ne plus le monter ? » La troisième option considérant que l'œuvre de l'époque peut nous enrichir et qu'il ne serait pas inutile en littérature, plutôt que de jouer au jeu des ressemblances, de s'identifier aux personnages en tant qu'émanations de notre humanité n'a pas été retenue. Quant à la réactionnaire catharsis, elle a depuis longtemps laissé place à la plus noble dénonciation des propos et des attitudes *problématiques*. Bref, au diable les Molière et vivement le règne des Sarah Sauquet, auteur de *La première fois que Bérénice vit Aurélien, elle le trouva franchement con*, que les journalistes et les critiques contemporains n'ont pas hésité à saluer, s'émerveillant de cet ouvrage qui « dépoussiérait » les classiques et que la professeur se vantait d'avoir écrit « comme un outil de coaching ». On a déjà hâte de voir Caroline de Haas prendre la plume. Voici pour aller plus loin dans l'engagement que le trop timoré David Bobée et pour réduire cette pièce trop longue écrite dans une langue incompréhensible, ce que pourrait donner un *Dom Juan* totalement dépoussiéré.

Done Elvire. — Me ferez-vous la grâce, Dom Juan, de vouloir bien me reconnaître ? Et puis-je au moins espérer que vous daigniez tourner le visage de ce côté ?

Dom Juan. — Madame, mon attitude inqualifiable est la conséquence de siècles de patriarcat et de domination masculine mais soyez assurée que ce règne touche à sa fin et que la contrition qui est la mienne en cet instant ne restera pas sans effet. Je défendrai avec tout mon cœur l'égalité des droits de même que je lutterai de toutes mes forces contre le harcèlement et les agressions dues aux trottoirs trop étroits. Je m'engage ici devant vous à renouveler les vœux que je vous ai faits et à ne plus m'éloigner de vous si ce n'est pour aller faire les courses ou laver mes chaussettes sales au lavoir, car je tiens plus que tout à une juste répartition des tâches. Comme gage de ma fidélité, je vous offre, non des fleurs ni une bague, ridicules vestiges d'une époque où les luttes intersectionnelles n'existaient pas et où le sexisme le plus vil se parait de ses plus beaux atours en prenant l'apparence de la galanterie, mais un portrait d'Adèle Haenel. Et tant pis pour les anachronismes, l'égalité avant tout !

FIN

Dérapage n. m. Sortie de l'autoroute de la bien-pensance que les journalistes s'empressent de condamner – sans même se rendre compte de leur biais de pensée – pour s'éviter une fatigue inutile que provoquerait une amorce de tentative d'embryon de réflexion. Il semble ne jamais leur venir à l'idée que ce qu'ils nomment « dérapage » est peut-être simplement la véritable pensée de leur interlocuteur, voire que ce prétendu « dérapage » est calculé, et qu'il n'en est par conséquent pas un, ou alors contrôlé. Il s'agit donc moins en réalité de constater un égarement que de tracer une voie acceptable. Par l'utilisation récurrente du terme « dérapage », les journalistes, censés contribuer à dévoiler la pensée des politiques et de leurs invités en général, les rappellent ainsi constamment à leur devoir de langue de bois.

Déséquilibré adj. Terroriste contemporain qui, au contraire de ses prédécesseurs, n'est pas toujours d'une stabilité psychologique exemplaire et fait parfois montre d'une impatience quelque peu inconsidérée dans la réalisation de ses fantasmes morbides. Il peut alors se livrer à des actes déraisonnables, voire un peu « foufous » qui nécessiteront des sanctions pédagogiques adaptées et un redoublement de vigilance antifasciste au cri de « pas d'amalgame ». Il est essentiel, en effet, de distinguer terrorisme agressif et terrorisme éthique afin de ne pas stigmatiser la barbarie bienveillante et les actes de torture gagnant-gagnant. *On ne connaît toujours pas le mobile de cet homme qui a pénétré avec un fusil-mitrailleur dans une école juive et a criblé de balles deux enfants de 5 et 7 ans au cri de « Allahou Akbar, à mort les youpins ! », mais selon toute vraisemblance il ne peut s'agir que d'un déséquilibré.*

Désescalade n. f. Comme souvent, les médias et les politiques emploient sans sembler s'en rendre compte un seul et unique terme pour désigner une réalité. Au diable la conciliation, la pacification, les accommodements, voire le consensus, tout n'est que « désescalade ». Dans son premier emploi, le mot « escalade », emprunté à l'ancien provençal *escalada*, dérivé de *escalar*, de *escala*, « échelle », signifiait « assaut d'une position à l'aide d'échelles ». En ce sens, le terme « désescalade » apparaît donc plutôt approprié pour signifier qu'on cherche à éviter la guerre. Mais il présuppose qu'il n'y a qu'un seul chemin pour sortir du conflit, chemin qui consisterait à redescendre par le même endroit pour revenir à l'état initial, celui-ci représentant une forme d'idéal. Or outre qu'on omet que la redescente, à tâtons, de la voie par laquelle on est monté, est beaucoup plus ardue car on ne voit pas les prises, la possibilité d'une véritable résolution ou d'une simple avancée n'est même pas envisagée. On peut se demander s'il n'y a pas en creux, dans ce mot apparu seulement dans les années 1960, l'idée que les systèmes de *gouvernance* actuels constitueraient un modèle qu'on ne saurait dépasser, et à raison. Peut-on espérer mieux que la paix fébrile et toute relative que l'on parvient à maintenir entre les pays ? N'est-ce pas le summum de la démocratie que de se contenter d'élections régulières comme participation du peuple à la vie de la cité ? L'autre problème que pose l'emploi du mot « désescalade » est qu'il postule une escalade en amont, or tous les conflits ne naissent pas nécessairement d'une surenchère de chaque camp dans la mauvaise foi ou l'hostilité. Il existe aussi des agressions gratuites comme le prouvent régulièrement les Talibans ou les tubes d'Emmanuel Moire.

Déso adj. Version polie de « va te faire foutre ». Abréviation de « désolé », mot commode en ce qu'il permet de ne pas avoir à présenter d'excuses proprement dites ni à s'impliquer personnellement dans celles-ci. *Ouais, c'est bon, j't'ai déjà dit que je regrettais de t'avoir trompé avec ta sœur et ta meilleure amie, pendant ton hospitalisation, déso !*

Détoxifier v. t. Ôter de son corps les toxines à l'aide d'un quelconque régime à base de plantes en omettant complètement de nettoyer préalablement son vocabulaire et son cerveau. *Comment j'ai réussi à totalement détoxifier mon corps en créant un cocoon secure et en me nourrissant quasi exclusivement de pousses de radis hyper healthy.*

Détricoter v. t. Saboter, mais patiemment et avec délectation. Formé sur « tricoter » et le préfixe privatif « dé », ce mot n'a jamais été autant utilisé que depuis que plus personne ne tricote. « Brexit : Londres renonce finalement à détricoter la totalité des lois européennes », titrait par exemple *L'Express* en avril 2023. La présence de ce terme dans cet ouvrage pourrait être discutée si je n'en étais pas l'auteur et si je n'avais pas décidé que *de toute façon je faisais ce que je voulais parce que c'est comme ça, point.*

Dialogue n. m. Monologue moderne. *Le gouvernement assure qu'il veut poursuivre le dialogue avec les syndicats. En tirant des mortiers d'artifice, les émeutiers cherchent à initier un dialogue.*

Disruptif adj. « Qui perturbe, casse, rompt avec l'existant », selon un coach en développement personnel devenu accidentellement président. Par exemple, oublier d'accorder un penalty à Lyon pendant toute la durée d'un match ; déclamer du Bruno Le Maire à sa dulcinée au moment des promesses de mariage ; oser avancer une proposition intelligente en plein Conseil des ministres. Le mot « disruptif » tendant ces derniers mois à devenir aussi ringard qu'une *idée innovante* de François Bayrou, son seul intérêt sera désormais de permettre à un coiffeur en manque d'inspiration de trouver un nom à son salon.

Disséquer v. t. Se refuser à toute analyse ou toute observation un peu minutieuse. Issu du latin *dissecare*, « dépecer », « découper », le terme est utilisé dans son sens moderne, « analyser minutieusement et méthodiquement » à partir du XVIIe siècle. Ces dernières années, il est régulièrement employé de manière abusive dès le moindre embryon de commentaire. On ne compte plus le nombre d'articles annonçant « disséquer » le discours de tel ou tel politique et se contentant en réalité d'impressions toutes personnelles. Dans un article de France Bleu sur le procès entre Amber Heard et Johnny Depp daté du 28 mai 2022, on pouvait lire : « Les internautes sont nombreux, avant même l'issue du procès, à avoir pris le parti de l'acteur et à disséquer les moindres aspects du procès. » La dissection par les internautes d'un procès de « people », qui dit mieux ? Terrafemina, qui, le 16 mai 2022, publiait un article sur la fausse couche de Britney Spears et donnait la parole à l'auteur d'un livre sur le sujet pour « disséquer » les propos de la chanteuse. Disséquer la parole de Britney Spears, voilà une entreprise hardie. À quand la dissection des tweets de Nadine Morano ou des paroles de Wejdene ?

Distanciation n. f. Éloignement progressif du reste du monde visant à ce que plus personne ne puisse être considéré comme son prochain et permettant de détester allègrement tout le monde tout en s'estimant hautement supérieur à chacun puisque agissant « pour la santé de tous ». *Pour plus de sécurité, pensez à respecter la distanciation à votre domicile, surtout avec votre conjoint.*

Distanciel n. m. Mot inventé par des gens avec qui on ne devrait jamais avoir de conversations « en présentiel » (cf. Présentiel).

Diversité n. f. Le mot « diversité », emprunté vers 1165 au latin *diversitas*, « divergence », « contradictoire » mais aussi « variété », « différence », exprimait en ancien français une idée de bizarrerie, de méchanceté, et ce jusqu'à la fin du Moyen Âge. Ces dernières années, il a pris au contraire une connotation méliorative alors qu'il désigne simplement, selon Le Robert, le « caractère ou l'état de ce qui est divers ». Employé sans qualificatif, le nom commun désigne la plupart du temps la diversité ethnique et, partant, l'essentialisation de groupes qu'on prétend ainsi mieux considérer. Dans un article du *Figaro* sur l'index « Diversité et inclusion » en entreprise, on précise que l'outil « doit permettre d'analyser la mixité des origines des collaborateurs ». La diversité serait-elle devenue une valeur en soi ? « S'il y a un racisme hétérophobe, il y a aussi un racisme hétérophile, fondé sur l'éloge de la différence et l'absolutisation de cette dernière », écrivait le philosophe et historien des idées Pierre-André Taguieff dans son essai *Sortir de l'antisémitisme ?*. À force de promouvoir partout et tout le temps la « diversité », elle risque bien de servir uniquement à créer une nouvelle façon de tout uniformiser.

Dominants/dominés n. m. Représentation du monde applicable à tous les domaines chérie par tous ceux qui adorent la non-binarité et abhorrent le manichéisme.

Droitard n. m. Gauchiste qui n'avait pas les moyens humains de ses ambitions de *visibilité* (cf. Visibilité).

Durable adj. Dont vous pouvez compter sur la présence pour vous faire chier au moins jusqu'à votre mort.

E

Écoanxiété n. f. Maladie auto-immune généralement provoquée par une trop longue exposition aux discours de Greta Thunberg doublée d'une irrépressible envie de sécher les cours le vendredi pour sauver la planète. Les premiers symptômes de la maladie se manifestent par l'apparition d'anglicismes comme « conscientiser » et par des crises aiguës de « en vrai » et « du coup ». Le point de non-retour est atteint lorsque le sujet n'a plus d'autre objectif dans la vie que de jeter de la sauce tomate sur une toile de maître ou de se coller la main à l'objet le plus proche en se prenant pour un lanceur d'alerte. Notre conseil : surtout ne faites rien maintenant qu'il a enfin trouvé sa place comme objet de curiosité pour les visiteurs du monde entier et contentez-vous de le nourrir avec deux ou trois graines de soja et de lui raconter un conte végan et inclusif avant le *dodo* (cf. Cododo).

Écoresponsable adj. Capable de brasser plus de vent qu'un parc éolien.

Effectuer v. t. Emprunt (1545) au latin médiéval *effectuare*, « produire », « avoir de l'action ». Grâce à la magie de la langue de la SNCF, il est aujourd'hui possible d'« effectuer » un voyage simplement en s'adossant à son siège pendant trois heures et en écoutant l'intégrale de Christophe Maé. Cela n'empêchera nullement la compagnie d'espérer naïvement que ce voyage effectué était « bon ». Alors que le train est parti avec deux heures de retard et que vous êtes dans un Ouigo sans prise, coincé dans un siège de trois à côté d'un homme qui a gagné la bataille de l'accoudoir et d'une lectrice de Michel Bussi. En outre vous êtes appelé à subir la fameuse règle des transports en commun qui veut que les personnes les plus attirantes descendent toujours en premier si bien que vous vous apprêtez à achever votre trajet avec un sexagénaire braillard alcoolisé à la 8.6 et une femme censurée dans les romans de Roald Dahl que vous verriez bien cuisiner des anguilles après les avoir tuées au maillet.

Efficient adj. Synonyme d'efficace servant à qualifier tout ce qui ne l'est pas.

Empouvoirement n. m. Action de reprendre un pouvoir qu'on avait déjà. *Léa Salamé à la tête du prime de France 2 le samedi soir : symbole de l'empouvoirement féminin dans les médias.*

Emprise n. f. Forte influence contre laquelle on ne peut lutter qu'une fois qu'on a décidé de ne pas accepter ses erreurs ni de se remettre en question. Très commode également quand on vient de se faire larguer pour essayer de gratter quelques sous.

Énergie n. f. Si lors d'un atelier de construction de tambour chamanique ou au cours d'une réunion « cercle de femmes » consacrée à la rééducation du périnée par les danses orientales majoritairement peuplée d'hommes au regard lubrique se déclarant « en transition », un gourou réputé pour « capter grâce à son hypersensibilité les bonnes et les mauvaises ondes » se rapproche dangereusement de vous et vous glisse au creux de l'oreille : « Tu la sens, mon énergie ? », il n'y a plus qu'une seule chose à faire : écoutez-le attentivement, il a sûrement d'excellents conseils et de profondes paroles de sagesse à vous transmettre.

Engagé adj. Qualifie une attitude consistant à dire de ce que tout le monde considère comme intolérable que c'est intolérable. La chanteuse Angèle est par exemple très « engagée » puisqu'elle a eu l'idée ingénieuse, selon *La Libre Belgique*, de s'allier au « club de chaussettes engagé Socksial Club » pour « écraser le patriarcat ». À une époque où l'on ne compte plus le nombre de marques engagées pour l'environnement, pour le féminisme, pour l'égalité des genres, ou contre le racisme et les discriminations, il n'a jamais paru aussi simple d'être « engagé ». Difficile, en conséquence, de savoir qui est, selon la définition du Robert, « mis par son engagement au service d'une cause ». La marque sert-elle la cause ou est-ce le concept d'engagement qui sert la marque, voire l'artiste ? Engager signifie à l'origine « mettre en gage », « lier par une promesse », « faire entrer dans une situation qui ne laisse pas libre ». On a pourtant rarement vu aussi peu engageants que les engagements pris de nos jours par les stars. « Je suis un artiste dégagé », disait Desproges avec humour. Il était loin d'imaginer qu'au XXIe siècle les artistes pourraient être à la fois dégagés et « engagés ». (Ant. : sulfureux, controversé, clivant.) (Syn. : de gauche, Annie Ernaux, Cali.)

Enjamber v. t. Le mot « jambe » est emprunté au bas latin *gamba*, « paturon de cheval », lui-même emprunt populaire au grec *kampé*, proprement « courbure », d'où « articulation du pied de cheval ». Formé sur *gamba*, le verbe « enjamber » (XIIIe s.) répond à l'idée de « passer par-dessus un obstacle ». C'est ce sens de « franchir un obstacle » qu'il a conservé à notre époque, selon Le Robert. Ces derniers temps, les médias l'emploient régulièrement au sens d'éviter un sujet ou d'esquiver une difficulté, notamment lors du débat sur la réforme des retraites. Ce qui surprend dans cet emploi du verbe, c'est que refuser l'obstacle en passant à côté ou en détournant l'attention semble devenu la seule façon de le surmonter. Voilà une excellente nouvelle pour la politique et la démocratie.

Enraciner v. t. Être « parachuté » dans une zone géographique et y faire les cent pas pour tenter de prouver qu'on y a une quelconque attache. (Syn. : Jean-Michel Blanquer dans le Loiret.) Pendant les législatives, les candidats ont rivalisé de proclamations d'« enracinement » dans les « territoires » qu'ils aspiraient à représenter. On peut comprendre leur volonté de s'inscrire dans l'histoire d'une région et le terme « enraciner », formé à partir de « racine », du bas latin *radicina*, « base », « fondement », et qui signifie au sens figuré, selon Le Robert, « fixer profondément, solidement, dans l'esprit, le cœur » ou « établir quelqu'un de façon durable dans un pays », paraît à cet égard plutôt approprié. On peut toutefois s'étonner de l'écart entre ces fortes revendications d'appartenance locale et la grande pudeur avec laquelle on affirme son identité française. Les mêmes qui s'affichent en représentants « enracinés » des terroirs érigent régulièrement en modèle le citoyen du monde déraciné et vantent une

France sans histoire ni culture, débarrassée de tout particularisme et devenue une simple entité administrative. À croire qu'il y aurait un bon et un mauvais enracinement. La philosophe Simone Weil écrivait : « L'enracinement est peut-être le besoin le plus important et le plus méconnu de l'âme humaine [...]. Chaque être humain a besoin d'avoir de multiples racines. Il a besoin de recevoir la presque totalité de sa vie morale, intellectuelle, spirituelle, par l'intermédiaire des milieux dont il fait naturellement partie. » Difficile d'imaginer qu'elle faisait référence aux législatives.

Épanouissement n. m. Mot utilisé pendant très longtemps uniquement pour évoquer la nature, au sens de floraison ou d'éclosion, puis, par glissement, un visage qui se déride sous l'effet de la joie. Aujourd'hui, il est confondu aussi bien avec l'accomplissement qu'avec le développement de ses qualités et est devenu le premier des commandements de l'homme moderne. Le stade ultime de l'épanouissement consiste à avoir poussé plus vite et plus haut que les autres pour se distinguer et « gagner en *visibilité* », notamment en arrachant autour de soi toutes les mauvaises herbes symbolisant les personnes *toxiques* afin de s'assurer de mourir dans la plus grande des solitudes et le cœur desséché.

Éthique n. f. Auparavant cantonné au domaine de la philosophie, le mot « éthique », emprunté au XIIIe siècle au latin impérial *ethica*, « morale », lui-même emprunté au grec *êthikon*, de *êthikos*, « qui concerne les mœurs », est souvent utilisé ces dernières années dans des domaines de plus en plus variés. Il n'est pas rare, par exemple, d'entendre parler de « mode éthique », de « publicité éthique », voire d'« art éthique ». Vivement le totalitarisme éthique et la dictature bienveillante.

Étonnant adj. Le sens étymologique du mot « étonner », « frapper de la foudre, foudroyer », a quasiment disparu. Depuis l'avènement de la pensée complexe de Jean-Michel Aphatie, le mot « étonnant » s'est transformé en *autovalidation* d'arguments contestables, voire de corrélations aussi cohérentes que les règles du protocole sanitaire distribué aux écoles lors du deuxième confinement ou que la nomination de Pap Ndiaye à la tête de l'Éducation nationale. *Depuis qu'on n'entend plus Marine Le Pen dans les médias, la courbe des crimes dans notre pays a baissé de plus de 10%. Étonnant, non ?*

Extrêmes n. m. Concept flou désignant la majeure partie de la droite et de la gauche pour les centristes et uniquement l'extrême droite pour les gens d'extrême gauche. La notion est d'autant plus mal définie que l'expression « extrême droite » elle-même est rarement analysée et qu'on oublie volontiers l'existence d'un extrême centre comme l'ont expliqué plusieurs essayistes à la suite de l'historien Pierre Serna. Sur cette question, je ne peux que vous inviter à vous procurer l'excellent essai sur le sujet de Pierre-André Taguieff, *Qui est l'extrémiste ?*. Je ne peux pas tout faire à votre place non plus, réveillez-vous et soyez un peu plus curieux, merde !

F

Fact-check v. t. (Cf. Débunker.)

Faisceau n. m. Attesté en 1549, le mot « faisceau », réfection de « faissel », « fassel » (XIIe s.), est issu du latin populaire *fascellus*, dérivé du latin classique *fascis*, « paquet lié par une corde », et est synonyme de « fagot », « botte » ou « fardeau ». Au sens propre, il désigne donc un « assemblage de choses semblables » et au sens figuré un « ensemble d'éléments abstraits », selon Le Robert. Le mot, apprécié des politiques (dans les expressions « faisceau de propositions » ou « faisceau de solutions »), est assez commode pour donner l'impression que les mesures proposées sont nombreuses. Il permet également de figurer leur unité, comme si les solutions présentées étaient toutes complémentaires et convergentes, à la manière d'un faisceau d'indices, alors même qu'il n'y a souvent aucune réflexion globale qui préside à leur exposition. Mais qu'importe, l'essentiel est de bien « communiquer », même si le faisceau en question est rarement l'œuvre de lumières.

Féminicide n. m. Homicide pour les non-latinistes.

Depuis quelques années, le terme de « féminicide » est très prisé des médias, au point qu'il a fait son entrée dans Le Robert en 2015 au sens de « meurtre d'une ou plusieurs femmes ou filles en raison de leur condition féminine ». *Après une violente dispute, Justine a égorgé sa compagne.* Zut, mauvais exemple. Le mot a été très souvent employé au moment du procès de Jonathann Daval. Mais l'avocat de l'accusé a d'autant plus récusé ce concept que le législateur ne l'a pas fait entrer dans la loi et que cela aurait sans doute desservi son client. Comment en effet déterminer qu'un conjoint qui a tué son épouse a nécessairement commis cet acte en raison de sa féminité ? Rappelons que le mot « homicide », emprunté au latin *homicidium*, désigne « l'action de tuer un être humain » et qu'il ne fait donc pas de distinction entre les sexes. En voulant instaurer une circonstance obligatoirement aggravante au meurtre d'une femme, ne risque-t-on pas de faire de celle-ci, à la manière de l'enfant protégé par l'infanticide, un être humain pas comme les autres, sans défense ? N'est-ce pas une vision très sexiste de la femme et très « hétérocentrée » de la vie à deux ? Comment en effet qualifier le meurtre d'une femme par sa compagne ? Bref, le « féminicide », c'est un bon moyen d'assassiner l'égalité.

Fixette n. f. Lubie, manie, entichement, marotte, monomanie. Obsession qui touche uniquement les personnes qui n'ont jamais fait une *fixette* sur la langue française.

Flexitarien n. m. Omnivore qui s'ignore et qui se croit supérieurement « conscientisé » depuis qu'il ne mange pas de viande le lundi sur les conseils de Juliette Binoche.

Focus n. m. « La vie n'est qu'une longue perte de tout ce qu'on aime », disait bêtement Victor Hugo qui avait beaucoup de mal à « rester focus », oubliant qu'en réalité la vie n'est qu'une suite d'objectifs à atteindre, objectifs qui doivent mobiliser toute notre concentration. L'écrivain ne pouvait hélas s'empêcher de se disperser, notamment en cherchant le frisson dans des concepts archaïques comme l'amour, le romantisme ou l'héroïsme alors qu'un Powerpoint bien chiadé sur les cinq piliers du bien-être au quotidien ou une to-do list adaptée à ses traits de personnalité l'auraient aidé à trouver *un cadre propice au développement de son plein potentiel et à se recentrer sur son moi profond.* Et donc à rester focus.

Follower n. m. Être numérique réduit à son activité de suiveur, mouton de Panurge qu'on a décoré d'un anglicisme pour lui faire oublier sa condition. « L'ennui est entré dans le monde par la paresse », disait La Bruyère, qui était loin d'avoir prévu les réseaux sociaux. La désoccupation apparaît aujourd'hui comme la seule vertu capable de se dresser comme un rempart contre l'époque qui nous recouvre chaque jour de « ténèbres qui puent » (cf. Quiétude, dans les mots aimables). On aurait tort, néanmoins, de dénigrer ces suiveurs. Il n'est pas donné à tout le monde de réfuter Descartes en faisant sienne la devise : « Je ne pense pas donc je suis. »

Fort adj. Béquille servant quasi exclusivement à escamoter un manque d'idées et une pleutrerie qui ferait passer Aurélien Taché pour un résistant. À l'heure où la France s'écrase systématiquement devant l'Allemagne, l'Europe ou les États-Unis au détriment de son peuple, et alors que même la moutarde aux saveurs américaines qu'on nous sert de plus en plus régulièrement dans les restaurants a la puissance d'un adhérent Horizons sous Tranxene, tout est paradoxalement plus fort qu'avant. Et il ne se passe pas une semaine sans qu'on parle de mesures fortes, de décisions fortes, d'État fort, voire, pour quelques nostalgiques du début du siècle, de France forte.

Francocide n. m. Mot inventé par des gens qui dénigrent à longueur de journée le terme « féminicide » et qui en valident ainsi le concept.

Friendzoner v. t. Faire comprendre à quelqu'un qui n'a jamais été votre ami qu'il n'est qu'un ami. Le mot illustre mieux qu'aucun autre le décalage de perception qui peut exister entre deux êtres dans les relations amoureuses. Pour vous aider à y voir plus clair, nous avons traduit quelques expressions courantes afin d'en dévoiler le sens caché.

> ***Trigger warning**. Le neutre et le masculin se confondant et l'auteur étant déterminé à ne jamais céder à l'écriture abusive, il n'est pas impossible que l'homme ait encore une fois le mauvais rôle dans le passage suivant. Mais que voulez-vous, la langue française est profondément misandre.*
>
> « Avec toi, j'ai l'impression de respirer à nouveau » : c'est pas avec ce que tu me fais au lit que je risque d'être essoufflé.
> « Faire l'amour avec toi, c'est un vrai manège à sensations » : l'attente est longue, le plaisir est bref et ça se termine toujours avec une légère nausée.
> « Tu me fais trop rire » : impossible de te complimenter sur ton physique.

« Je ne te mérite pas » : j'arrive pas à m'arrêter de te tromper, ça m'arrangerait que tu te barres pour ne plus culpabiliser.
« On a vécu de beaux moments ensemble » : j'ai perdu deux ans de ma vie.
« Je t'adore mais j'ai besoin de passer à autre chose, tu resteras à jamais dans mon cœur » : dans deux semaines, je t'aurai oublié.
« Je me sens bien avec toi » : c'est la transition parfaite avant de retomber amoureux.
« C'est juste un break, j'ai simplement besoin d'un peu de temps pour moi » : je peux plus voir ta gueule.
« Ton intelligence scintille comme les étoiles » : elle est morte depuis des millions d'années.
« Tu es aussi essentiel que l'ananas sur la pizza hawaïenne » : tu es une grosse faute de goût.
« La vie avec toi, c'est comme la mer Méditerranée » : c'est désespérément plat, il ne se passe jamais rien et plus on va en profondeur plus on trouve de déchets.

G

Gap n. m. Gouffre qui sépare tous les gueux des CSP + qui emploient le mot « gap » au milieu d'une phrase débutant par « c'est clair » et s'achevant par « grave » et au sein de laquelle ils parviennent à vous glisser que leurs enfants sont HPI.

Gauchiste n. m. Droitard (cf. Droitard) en devenir, dès qu'il aura franchi la cinquantaine.

Gérer v. t. Appliquer à toute situation et même à toute personne, grâce à la magnifique expression « gérer de l'humain », le même engagement qu'un conseiller bancaire à La Poste applique à la gestion de votre vie. Du latin *gerere*, « porter sur soi », « jouer le rôle de », « représenter », le terme signifie, selon le Larousse, « administrer une fortune, un bien, conformément aux intérêts de celui qui les possède ». *Oui, il y a de plus en plus d'attaques au couteau sur notre sol et de crimes crapuleux, mais ne vous inquiétez pas, on va gérer.*

Glaçant adj. Susceptible de susciter l'indignation sur les réseaux sociaux. Formé à partir de « glacer », lui-même issu du latin *glaciare*, « changer en glace », « se figer », le mot « glaçant » s'emploie exclusivement au sens figuré. S'il peut signifier « qui décourage à force de froideur, de sévérité » et peut alors qualifier un regard, une attitude, il est quasiment toujours employé ces dernières années dans les médias comme synonyme de « terrifiant », « qui glace d'effroi ». Le langage volontiers hyperbolique des journalistes en fait un terme très usité même dans des contextes peu propices à l'épouvante. À la veille d'Halloween, c'est *La Dépêche* qui l'employait par exemple dans un article consacré aux maquillages « tendance » pour célébrer le 31 octobre, en 2021 : « Le Tok beauté de la semaine : un make-up glaçant pour Halloween. » Récemment, le terme a même été utilisé pour qualifier la maigreur de Madonna avant son hospitalisation. À trop être employé dans n'importe quelle situation, ce mot, initialement destiné à évoquer des situations dramatiques, en devient presque comique. Et à force de répéter les mêmes mots, par mimétisme, au détriment de tous les synonymes, nous contribuons à l'appauvrissement du vocabulaire. C'est ainsi que la langue se fige. Comme de la glace. Et elle ressemble alors étrangement à un texte de Katherine Pancol.

Glamour n. m. Profondeur factice que l'on donne à la superficialité du moment qu'elle est incarnée par une actrice plantureuse. Son absence d'expression se change alors en mystère, ses poses lascives en charme suggestif et ses minauderies sont le reflet d'une personnalité aussi attachante que fascinante. Attention, ne vous y méprenez pas : cette définition ne vaut que pour les femmes. Si vous êtes un homme et qu'on vous dit que vous êtes « glamour », c'est sans doute que vous avez le sex-appeal d'Olivier Dussopt lorsqu'il fait des pompes en slip à 5 h 15 du matin. (Ant. : volupté.)

Grossophobe adj. Désigne toute personne ne considérant pas l'obésité comme l'accomplissement d'une vie, comme un choix mûrement réfléchi et comme l'apogée de la santé. « "Féliciter quelqu'un pour sa perte de poids reste un problème" : pourquoi la photo d'Adele métamorphosée fascine autant », titrait par exemple *Le Figaro Madame* en 2020. Ainsi, la meilleure attitude à adopter lorsque l'un de vos proches vous déclare fièrement qu'il a perdu du poids est de lui répondre : « Rien à foutre. » C'est pour son bien, l'important n'est pas qu'il soit plus mince mais qu'il exalte le « body positive ».

H

Haineux adj. Naturellement porté à la haine. Cette attitude ne peut concerner qu'un adversaire idéologique. *Le discours haineux de l'extrême droite vis-à-vis de la meurtrière de Lola.* Paradoxalement, ceux qui l'emploient communément approuveraient sans doute cette citation de Flaubert tirée de sa correspondance : « La haine du Bourgeois est le commencement de la vertu », de même que ce qui suit : « La bêtise et l'injustice me font rugir. Et *je gueule*, dans mon coin, contre un tas de choses "qui ne me regardent pas". » Preuve que la haine ne dérange que quand elle cible les amis des *belles personnes*.

Hétérocentré adj. Tendance à réfléchir en tant qu'hétéro et à se comporter comme si le monde entier l'était, judicieusement fustigée par des homos homocentrés, des queers hétérophobes ou des lesbiennes qui vantent le « génie lesbien ».

Heurt n. m. Mot remplaçant le « lynchage » dans la plupart des médias dès lors qu'il s'agit de « jeunes » désœuvrés cherchant simplement à exprimer une colère légitime en agressant quelques passants et dont le grand philosophe Geoffroy de Lagasnerie ne va pas tarder à twitter que « le sang qu'ils ont répandu est une invitation à célébrer la vie et une métaphore de l'encre témoignant de leur conscience de la valeur de la littérature et de leur envie de s'en sortir par l'écriture automatique ».

Hyperactif adj. D'une vitalité exceptionnelle dès qu'il s'agit de faire chier les autres et de multiplier les initiatives à la con, mais d'une discrétion rare dès qu'il s'agit de réfléchir activement à des solutions ou d'utiliser son énergie pour rendre service à autrui. *Il a monté sa start-up de conseil en posture assertive baptisée « je + tu + » et organise des séminaires sur le feedback constructif dans le respect de l'autre et de soi-même en plus d'être un très bon joueur de squash : c'est un hyperactif !*

Hyper-lieux n. m. « Lieux intenses où s'inventent des nouvelles formes de vie politiques et sociales », dont l'analyse « renouvelle de manière fulgurante la pensée de la spatialité contemporaine », selon *Les Inrocks*. Le mot a été théorisé par le géographe Michel Lussault et est en général employé par des personnes qui mériteraient de passer l'éternité dans l'hyper-lieu des hyper-lieux, de préférence dans le 9e cercle.

Hypermnésique adj. Qui a une mémoire tout juste correcte.

Hypersensibilité n. f. Extrême susceptibilité qui aurait permis d'économiser à Cyrano beaucoup de salive et au lecteur des heures précieuses si le héros d'Edmond Rostand avait eu l'heur d'hériter de ce trait de caractère. Voici ce qu'aurait donné la tirade du nez :

« On pouvait dire… Oh ! Dieu !… bien des choses en somme… en variant le ton, par exemple, tenez : Agressif : "Allez bien vous faire cuire le cul !" »

I

Iconique adj. Commun, lambda. Adjectif servant la plupart du temps de béquille rythmique à une phrase qui manque cruellement d'intérêt et dont le sens demeure nébuleux. Particulièrement utile pour essayer de donner du crédit à une personne complètement fade et sans intérêt. *La danse de Brigitte Macron à la fête de la musique est déjà iconique.*

Iel/Ielle pron. Chance supplémentaire de « mégenrer » quelqu'un.

Immersion n. f. (Cf. Terrain.)

Impactant adj. Qui est susceptible de faire 3 *like* sur LinkedIn.

Impacter v. t. Anglicisme hideux qui nous touche, qui nous attriste, qui nous agace, mais qui ne nous « impactera » jamais.

Inapproprié adj. Dérivé d'« approprié » avec le préfixe « in », calqué sur l'anglais *inappropriate*, le terme signifie, selon Le Robert : « Qui n'est pas approprié, inadéquat, inadapté. » Employé initialement pour qualifier le plus souvent un mot (au sens d'« impropre »), une tenue ou une décision, son emploi s'est étendu au fil des années. Lorsque le site Eurosport titre : « Kevin Escoffier signalé au ministère des Sports pour un "comportement inapproprié envers une femme" », on apprend en lisant l'article que les faits reprochés au marin sont une « agression sexuelle ». Le terme « inapproprié » n'a ici pas grand-chose à voir avec l'emploi qu'en font les philosophes Olivier Abel et Laurence Devillairs, qui dénonçaient dans une tribune à *La Croix* en janvier un vocabulaire souvent « inapproprié » pour évoquer la fin de vie. Utiliser le même mot pour désigner des réalités totalement différentes pose un vrai problème, car en confondant allègrement « inapproprié », « déplacé », « agressif », « violent », voire « délictueux » ou « criminel », on entretient le flou et la tendance à tout mettre sur le même plan. Ainsi la frontière est chaque jour de plus en plus ténue entre le droit et la morale, entre la justice des tribunaux et le lynchage médiatique.

Inclassable adj. Qu'on peut aisément ranger parmi les daubes contemporaines. « Christine and the Queens, Redcar, Chris… Un artiste inclassable » (RTL, le 9 juin).

Inclusif adj. Visant à privilégier les minorités au détriment de la majorité et d'autres minorités moins visibles. L'écriture inclusive en fournit un bon exemple : elle est certes très handicapante pour les enfants qui apprennent à lire et absolument inadaptée aux sourds et aux malentendants, mais elle est pourtant indispensable en ce qu'elle permet aux bobos du 9e de se sentir beaucoup mieux. Le slogan des inclusifs pourrait être cette devise « revisitée » très commode à l'oral : un·e pour tous·tes/Tous·tes pour un·e.

Incontournable adj. Des critiques qui font passer du Eddy de Pretto pour du Julien Gracq et du Foenkinos pour du Verlaine vous assurent, au sujet de la première bouse éditoriale éclose en pleine rentrée littéraire, qu'il s'agit là d'une œuvre incontournable. C'est peu dire qu'on hésite à lire cet auteur qui risque de tomber aussitôt dans l'oubli, voire de devenir le jouet de la fatalité en étant nommé jury d'un prix littéraire.

Indiscrétion n. f. Parole sans aucun intérêt prononcée devant plusieurs personnes dont un journaliste qui n'a rien trouvé de mieux que de la rapporter dans son journal en la présentant comme un « scoop ». *Indiscrétion : Nicolas Sarkozy aurait déclaré devant un proche qu'il ne souhaitait pas soutenir Valérie Pécresse dans la course à la présidentielle.* Il est vrai que dans notre société de la « transparence » où la frontière entre vie privée et vie publique est chaque jour plus poreuse et où la plupart des célébrités sont aussi discrètes sur leur intimité que des faux ongles vernis de rose fuchsia à paillettes, on manque cruellement de confidences divulguées et de mystères étalés au grand jour. L'indiscrétion est tellement devenue une façon de présenter l'information qu'elle peut consister non pas à révéler des propos inattendus, mais qu'untel ou untel n'a rien dit, voire qu'il a refusé de « sortir du silence ». On n'est alors plus très loin de l'étymologie *indiscretus* ayant donné au Moyen Âge à indiscret le sens d'« incapable de discerner ». Mais quand bien même il s'agirait d'une révélation, en quoi cela serait-il « indiscret », n'est-ce pas précisément le rôle des journalistes ?

Bref, il n'est pas exclu qu'on ait bientôt une rubrique « informations » dans les journaux.

Influenceur n. m. Vous n'avez pas de véritable talent particulier, ne lisez aucun livre et n'avez rien d'intéressant à dire ? Le métier d'influenceur est donc fait pour vous. À défaut d'avoir une influence sur la vie des autres ou le cours de l'histoire, vous pourrez vous vanter d'en avoir une sur l'algorithme.

Infuser v. t. Distiller les pensées, slogan de l'air du temps, jusqu'à ce que l'atmosphère en soit saturée tout en étant convaincu d'avoir été aussi subversif qu'un discours républicain dans un séminaire EELV ou qu'une pensée nuancée dans le cerveau d'Aurore Bergé. *Je pense que le discours féministe, écologiste et non hétéronormé finira par se faire une place dans les médias malgré l'omerta.* Formé à partir du latin classique *infundere*, « faire pénétrer », le terme « infuser » a d'abord le sens religieux de « faire pénétrer une âme dans un corps », dont on trouve une survivance dans l'expression « science infuse » (répandue dans l'âme, sans avoir appris). Dans son sens moderne, « infuser » signifie, selon Le Robert, « laisser tremper une substance dans un liquide bouillant afin qu'il se charge des principes qu'elle contient ». Fréquemment utilisé au sens figuré pour parler des thèmes de campagne ou des sujets de débat, le mot sous-entend donc qu'on ne pourrait imposer ses idées qu'en les martelant inlassablement. Voilà un bon résumé des débats d'idées du moment : une guerre de communication, de *visibilité* et d'image.

Inspirant adj. Qui risque à tout moment de changer votre vie en profondeur. « La véritable inspiration suppose du souffle, ce n'est souvent que du vent », disait Chesterton, qui n'avait vraisemblablement jamais écouté les précieux conseils de nos influenceurs ni lu le courrier des lectrices des magazines féminins. Certaines personnalités sont d'ailleurs tellement « inspirantes » que leurs disciples parviennent assez vite à dépasser leurs maîtres en produisant des œuvres d'une qualité si exceptionnelle qu'elles ne tardent pas à être célébrées sur Slate ou à faire l'objet d'une vidéo d'AJ+. L'adjectif inspirant qui peut s'appliquer aussi bien à une pensée ou un livre qu'à une garde-robe ou un podcast est idéal pour tous les journaux ou magazines sous assistance inspiratoire et leur permet à peu de frais de faire du neuf avec du vide. Marie Robert, professeur de lettres et de philosophie, a parfaitement compris le principe avec son livre intitulé *Descartes pour les jours de doute et autres philosophes inspirants* dans lequel elle révèle comment se remettre d'achats compulsifs chez Ikea grâce à Spinoza ou d'une gueule de bois à l'aide d'Aristote. Mais rien hélas sur la réparation du joint de culasse grâce à Leibniz.

On est loin de la tradition bête et méchante d'un Baudelaire qui se contentait, pour trouver l'inspiration, de se promener sans garantie qu'elle vienne, exprimant cette quête avec assez peu de talent dans son poème « Le Soleil » :

« Le long du vieux faubourg, où pendent aux masures
Les persiennes, abri des secrètes luxures,
Quand le soleil cruel frappe à traits redoublés
Sur la ville et les champs, sur les toits et les blés,
Je vais m'exercer seul à ma fantasque escrime,
Flairant dans tous les coins les hasards de la rime,
Trébuchant sur les mots comme sur les pavés,
Heurtant parfois des vers depuis longtemps rêvés. »

Il n'est pas incohérent qu'une société aussi inspirante que la nôtre dans son art, dans ses témoignages, dans les personnalités qu'elle met en avant ait porté au pouvoir un homme aussi « solaire » et aussi exceptionnel que le président philosophe.

Notre époque qui regorge de gens inspirants nous ouvre ainsi une formidable perspective d'avenir : si nous écoutons attentivement leurs conseils et leurs astuces, nul doute que dans une vingtaine d'années, nous serons parfaitement heureux et tous les problèmes auront disparu, avalés par un arc-en-ciel volant conduit par un traîneau de licornes.

Instrumentalisation n. f. Employé pour mettre au jour des calculs politiciens et plus globalement un manque de sincérité, le mot est également commode pour esquiver un débat gênant. Si l'actualité et les faits divers semblent bien décidés à ne faire aucun cas de votre idéologie, vengez-vous du réel en ne commentant jamais les faits en question, mais en dénonçant uniquement l'instrumentalisation qui en est faite, de préférence par « la droite et l'extrême droite ». Apparu seulement au XXe siècle, le terme « instrumentaliser » signifie « utiliser à des fins détournées ». Si certains politiques ne s'en privent effectivement pas, la propension à brandir le concept d'instrumentalisation n'est pas toujours vierge de calculs ni de biais de confirmation. Celle-ci peut être remplacée par le synonyme « récupération » en cas d'usage abusif, c'est-à-dire à peu près tout le temps.

Intentionnel adj. Persuasif, convaincant, voire éloquent pour les analphabètes amateurs du langage d'entreprise. Il est particulièrement recommandé, au cours d'un entretien avec son supérieur, d'être « intentionnel » pour bien lui faire comprendre que si on ne sait absolument pas ce qu'on veut, on est en revanche déterminé à l'obtenir. *Il m'a viré sous prétexte que j'ai été absent trois semaines sans raison valable et que j'arrive tous les matins à midi. Je n'ai sans doute pas été assez intentionnel dans mes explications.*

Intersectionnalité n. f. Mot dont on s'est moqué à tort et que la convergence des totalitarismes woke, écologiste, féministe et islamiste réhabilite chaque jour davantage.

Investigation n. f. Nom donné aux enquêtes journalistiques dont on ne peut mettre en valeur ni le sérieux ni l'honnêteté intellectuelle ni la qualité de l'écriture et qui n'existent que grâce à la complaisance d'un juge ou d'un policier peu scrupuleux. *Edwy Plenel est un excellent journaliste d'investigation.*

Inviter (s') v. pron. Si les gens s'invitaient chez vous comme les sujets d'actualité s'invitent dans le débat ou dans une campagne, vous seriez obligé d'ouvrir une auberge de jeunesse en moins de quinze jours. Le terme « s'inviter » est encore parfois utilisé dans son sens premier de « venir sans y être convié » dans les médias (« Les agriculteurs en colère vont s'inviter dans les grandes surfaces ce week-end », France Info, le 28 janvier 2021), mais il est, ces dernières années, plutôt employé au sens de « faire irruption dans le débat ». Discours d'Emmanuel Macron à Strasbourg : « Comment la présidentielle va s'inviter au Parlement européen », titrait France Info le 19 janvier 2022. « Euthanasie : sensible et clivant, le débat devrait s'inviter dans la campagne présidentielle », titrait de son côté *Sud Ouest* le 28 janvier 2022. L'utilisation du pronom réfléchi est un moyen commode pour les journalistes de faire croire que ce ne sont pas eux qui choisissent les sujets qu'ils traitent mais que ceux-ci seraient dictés par l'actualité du moment. Cela permet également de ne pas trop accabler les décisionnaires. Si les restrictions ont créé des situations absurdes, c'était la faute du Covid, si Macron a profité de la présidence de la France à l'UE pour faire campagne, c'était dû au hasard du calendrier. Et si la campagne présidentielle était globalement inintéressante, c'est sans doute car trop peu de sujets dignes d'intérêt « s'y sont invités ». Informer, étymologiquement, c'est « donner une forme à quelque chose », l'information ne *s'invite* donc jamais sans qu'on accepte de la laisser entrer. Si les Français se méfient de celle qu'on leur donne, ce n'est pas uniquement parce que certains d'entre eux croient aux « fake news » ou sont « complotistes », c'est aussi parce qu'ils remarquent que cette forme est un peu trop souvent la même pour être parfaitement honnête.

IRL (acronyme de *in real life*, « dans la vraie vie »). Vie virtuelle non attestée située selon les anthropologues hors des réseaux sociaux et plus largement par-delà Internet. Il n'existe quasiment aucune preuve de l'existence de cette société ni aucun témoignage crédible puisque les rares aventuriers qui se sont égarés dans ce contremonde ont totalement disparu de la scène médiatique. Légende dont se servent certains parents pour faire obéir leurs enfants : « Si tu continues à désobéir, tu vas finir *in real life.* »

Irrévérencieux adj. Encore plus consensuel qu'une interview de Thomas Pesquet par Nelson Monfort et dont la puissance comique n'est pas sans rappeler celle d'Arthur Schopenhauer après la lecture d'un essai sur la torture. « Révérer » est emprunté au latin *revereri*,

« craindre avec respect », et par affaiblissement, « avoir de la déférence, des égards pour quelqu'un ». Le terme « irrévérence », emprunté au latin *irreverentia*, désigne donc originellement, par contraste, le manque de respect mais également la licence et l'excès. Ces dernières années, il est très fréquemment employé par les radios et les télés pour louer leur ton libre présupposant une bonne dose d'audace, au point qu'il est parfois utilisé comme synonyme d'impertinence. Or, dans une société démocratique comme la nôtre, il est un peu risible de se croire très courageux sous prétexte qu'on s'est attaqué aux « puissants ». Lorsque *Nice-Matin* titre : « Poutine, Macron, Weinstein… au Carnaval de Nice, l'irrévérence est une tradition », si l'on comprend l'idée d'excès et de licence liée à ce type de manifestation, on est en droit de relativiser le manque de respect ou l'impertinence de ces masques. On mesure à quel point ce mot est devenu passe-partout lorsque la maison d'édition Puffin justifie ainsi les modifications effectuées sur les livres de Roald Dahl pour n'offenser personne : « Notre principe directeur tout au long a été de maintenir les intrigues, les personnages, l'irrévérence et l'esprit tranchant du texte original. » L'irrévérence en obéissant à toutes les injonctions de l'époque : il fallait oser. La devise de l'irrévérencieux du XXIe siècle qui récite son insolence avec la créativité d'un métronome pourrait se résumer ainsi : « Sois irrévérencieux : fais comme tout le monde ! »

Islamophobie n. f. Réserve ridicule à l'endroit de certaines pratiques arriérées de la religion médiatiquement sans péché. Mot dont on refuse d'affubler hélas les personnes mortes sous les coups des islamistes, même quand elles étaient notoirement *islamophobes*, mais qu'on peut volontiers attribuer à tous ceux qui ne sont que menacés de mort, comme Mila. Crime moderne presque aussi grave que le racisme qui vous vaudra exfiltration du paradis par saint Plenel et excommunication par les islamogauchistes, ce qui sera toutefois sans conséquence puisque ces derniers n'existent pas.

J

Jauge n. f. Niveau à partir duquel, en période de pandémie, l'homme est promu de l'état de machine au rang de mesure liquide et où il devient urgent pour protéger la vie potentielle de tous de ne plus avoir d'égards pour la vie réelle de personne. Cette nouvelle perception de l'existence vous offrira une foule de nouveaux horizons et vous aidera à voir votre prochain avant tout comme un porteur de germes à garder à distance, vos amis non masqués comme des irresponsables qui mériteraient de mourir à l'hôpital sans soins palliatifs, et votre homme comme un danger pourvu d'un sacré vecteur de MST.

Jubilatoire adj. La jubilation est empruntée au dérivé latin *jubilatio*, « cris », dans sa spécialisation chrétienne « sons d'instruments de musique exprimant la joie, l'allégresse ». Le mot latin *jubilaeus* est un emprunt à l'hébreu *yhobéi*, « bélier », ou « corne de bélier », instrument qu'on utilisait comme une trompette pour annoncer avec force l'année du jubilé, à l'occasion de laquelle les peines et les dettes étaient remises. Le terme « jubilatoire », imposé depuis plusieurs années à tous les médias chargés d'analyser un film ou un livre, a l'immense mérite de remplacer la rédaction fastidieuse d'une chronique. « Jubilatoire ! » *Télérama*. Équivalent à la joie que l'on ressent lorsqu'on reçoit un message de « joyeuse fête des Pères » de Carrefour Market ou qu'on apprend sur LinkedIn que Gaël Rouget fête ses deux ans au sein de la société TPMS matériaux. (Ant. : *Contre Sainte-Beuve*.)

L

Lab n. m. (Syn. : *think tank*.) Abréviation de laboratoire pour « laboratoire d'idées ». Mot extrêmement bien trouvé pour désigner la plupart du temps des *brainstormings* d'une grande portée scientifique et des innovations qui vont changer la face de l'humanité comme le gel du point d'indice pour les fonctionnaires, l'abaissement du droit de vote à 16 ans ou l'augmentation d'un point de la CSG. Ces « labs » jouissent en outre d'une popularité digne d'un ancien candidat de « Pyramide » et sont au moins aussi utiles à la société que les facilitateurs en intelligence collective.

Levier n. m. Dérivé de « lever », du latin *levare*, « rendre léger », le terme « levier » est apparu dans la langue au XIIe siècle comme nom d'outil. Il se définit par sa fonction, qui est de permettre de soulever un poids. À partir du XVIIe siècle, il a développé le sens figuré de « moyen d'action » et son emploi s'est très largement répandu dans le milieu de l'entreprise, avant, comme souvent, d'envahir le discours politique et médiatique. La récurrence de ce mot illustre bien la vision souvent « court-termiste » de nos gouvernants et de la société qui nous entoure : il ne s'agirait, face aux problèmes auxquels nous sommes confrontés, que de remettre en marche la mécanique pour que tout fonctionne de nouveau, comme si notre système était parfaitement huilé et que les dysfonctionnements constatés ne pouvaient être que de temporaires incidents affectant les rouages. C'est d'autant plus vrai lorsque le mot « levier » est associé au verbe « actionner » ou au verbe « activer », lui aussi relativement fréquent. « Levier » est même parfois utilisé de façon absolue, sans qu'on sache bien de quoi il retourne, sinon de la com. Qu'importe que la machine tourne à vide, une fois le levier « actionné », ça marche tout seul.

Logiciel n. m. Toute action politique digne de ce nom ne consisterait-elle qu'en un changement de logiciel ? C'est l'impression que l'on peut avoir lorsqu'on entend à longueur de temps qu'il faut changer de logiciel économique, républicain, de l'action publique ou encore de l'Europe, voire qu'il conviendrait de le *réinitialiser*. Le mot, formé sur le radical latin de « logique » avec la finale de « matériel » pour remplacer l'anglicisme *software*, désigne l'ensemble des programmes, procédés et règles utilisés sur un ordinateur. La présence de ce vocabulaire dans le champ politique n'a rien de surprenant puisque, comme l'expliquait l'essayiste américain Jay David Bolter, d'un siècle à l'autre, les technologies dominantes ont toujours influencé notre vision du monde ou du dieu que nous prions. Toutefois, l'idée qu'il suffirait de changer d'outil ou de le mettre à jour pour tout régler interroge la conception moderne de la politique. Ce n'est pas en se contentant de rattraper les modes qu'on peut changer les choses en profondeur. Ni en adoptant une communication plus appropriée ou plus moderne qu'on convaincra le peuple du bien-fondé de ses décisions. La récurrence de « logiciel » traduit la tendance de notre société à penser naïvement que la fin est toujours dans le moyen.

M

Macronisme n. m. Excroissance du système qu'il prétend combattre. Aboutissement de la social-démocratie se présentant comme postmoderne. Le macronisme se caractérise par une capacité de réflexion légèrement inférieure à la moyenne et une évaluation de celle-ci très largement supérieure à celle-là ; mais également par une aptitude à l'autocritique à peu près équivalente à celle d'un tapir cocaïnomane atteint d'Alzheimer. (Syn. : semi-intelligence, « Quotidien » de Yann Barthès.)

Malaisant adj. Adjectif performatif dont l'usage crée une gêne supérieure à celle qu'elle désigne et qui rappelle les heures les plus sombres du président enlaçant Mbappé à Doha. Embarras qui confine au désarroi depuis que le terme a été utilisé dans « La Grande Librairie » pour qualifier *La Métamorphose* de Kafka.

Maman n. f. Du latin *mamma* signifiant à la fois « maman, grand-maman », « nourrice » et « mamelle », le mot a un correspondant dans le grec *mammê*, de *maia*, « nourrice », « sage-femme », « grand-mère », et l'initiale « ma » est celle de *mater*, « mère ».

Selon le *Dictionnaire historique de la langue française* (Le Robert), « si le nom affectif de la mère commence par un *m* en de nombreuses langues, c'est à cause de la bilabiale évoquant la succion ». Nom autrefois donné uniquement par les enfants à leur mère et désormais utilisé par tous les journalistes préoccupés par le nombre de tâches trop important qui pèse sur les épaules des femmes ayant des enfants, en particulier les célibataires, magnifiquement rebaptisées pour l'occasion « mamans solos », journalistes qui ne cessent de fustiger dans le même temps le fait qu'on réduise ces femmes à leur rôle de génitrices et qu'en outre on les infantilise et on les victimise. L'expression « mamans voilées » est également devenue la norme pour les défenseurs des minorités qui n'ont rien trouvé de mieux pour combattre les stéréotypes et pour minimiser la portée religieuse de ce « bout de tissu » que de donner l'impression que celles-ci seraient couvertes d'un hijab de toute éternité. Selon une étude menée par plusieurs experts, la récurrence du terme « maman » aurait pour origine un problème de traduction du film *Fuck Me I Missed My Plane* que les Français ont préféré intituler *Maman, j'ai raté l'avion*.

Mansplaining n. m. Volonté intrinsèque à l'homme d'expliquer la vie aux femmes parfois sournoisement déguisée sous des dehors de politesse, voire de générosité. Voici quelques conseils pour éviter toute désillusion : si un homme vous tient la porte, c'est pour permettre à l'oppression systémique de mieux s'engouffrer ; s'il vous dit bonjour, c'est qu'il cherche à vous « silencier » ; s'il vous dit qu'il vous aime, c'est pour vous réduire au rang d'objet ; s'il vous demande en mariage, c'est pour contrôler vos dépenses ; s'il veut un enfant, c'est évidemment pour alourdir votre charge mentale ; s'il vous est fidèle, c'est pour mieux vous manipuler, et s'il est irréprochable, c'est certainement un pervers narcissique. Pour se libérer totalement de cette emprise sexiste qui contamine tous les rapports sociaux, il convient de ne surtout pas s'arrêter aux situations actuelles et de réinterpréter l'histoire avec davantage d'objectivité, car celles-là ne sont toujours qu'une répétition de celle-ci, un « remec » en quelque sorte. Ainsi, il convient de ne jamais oublier le paternalisme abject dont a fait preuve en 2018 le lieutenant-colonel Arnaud Beltrame à Trèbes, imposant à une femme de prendre sa place d'otage sans même lui demander son avis.

Manspreading n. m. Tendance des hommes de grande taille à refuser obstinément de se couper les jambes dans l'unique but de perpétuer le patriarcat le plus oppressif. Cette attitude, qui cache mal une peur du sexe opposé et une volonté marquée de lui rappeler sa prétendue supériorité, est légitimement combattue par les néo-féministes qui la jugent beaucoup plus « problématique » que les attentats terroristes qui ne sont souvent que la manifestation un brin excessive d'un sentiment de révolte généré par des frustrations légitimes.

Matcher v. i. Trouver au moins deux défauts communs à quelqu'un d'aussi insignifiant que soi. *Ça a tout de suite matché entre nous, on s'est rendu compte qu'on était tous les deux fans de bière-pong et de Stéphane Plaza.*

Matrescence n. f. Fait de découvrir que l'irruption d'un enfant dans sa vie jusqu'à ce que mort s'ensuive et les responsabilités qui en découlent ne sont pas totalement compatibles avec la possibilité de vivre très exactement la même vie qu'avant. Brutale prise de conscience que la faculté à trouver passionnantes les histoires de *T'choupi* ou à s'émerveiller de l'art de la chute dans les épisodes de *Petit Ours Brun* est loin d'être innée.

Il se pourrait même que *bébé* se révèle au cours de sa croissance plus retors que prévu aux suppliques de *maman*, pourtant adressées à sa hauteur sur les précieux conseils des meilleurs spécialistes de l'éducation positive ; et qu'il faille redoubler de principes pédagogiques bienveillants et d'acquisitions de livres d'Isabelle Filliozat pour compléter ses connaissances et parfaire ses méthodes en les rendant plus *efficientes*.

N'oubliez jamais que si l'enfant continue à manifester son mal-être et son besoin de cadre en outrepassant régulièrement les limites et en multipliant les crises, le plus important est de rester fidèle à l'image de parent parfait qu'on cherche à renvoyer depuis sa naissance. Rappelez-vous qu'être *bienveillant*, comme nous l'avons vu précédemment, ne consiste aucunement à vouloir le bien de l'autre à tout prix, mais à l'accueillir tel qu'il est, comme le prônent avec sagesse les meilleurs équipiers McDonald's.

Matriarcat n. f. Tentative d'*empouvoirement* (cf. Empouvoirement) des mères souhaitant rendre *femmage* aux sociétés dirigées par les *mamans* tout en dénigrant le rôle parental et la famille.

Matrixer v. t. Référence qui se veut érudite à un film dont les dialogues feraient passer la pièce de Christiane Taubira pour un chef-d'œuvre d'Oscar Wilde et dont la crédibilité et la cohérence se situent entre *Hot Shots* et *Prometheus*.

Maximiser v. t. « Ponts et jours fériés : comment maximiser ses vacances en 2023 ? » se demandait l'hebdomadaire *Le Point*, le 27 décembre 2022. Le 28 juin 2023, c'est le site ActuaLitté qui se posait cette question : « Livres numériques : comment maximiser sa sécurité en lisant en ligne ? » Dérivé de *maximum* et apparu en 1828, le verbe « maximiser » signifie à l'origine « donner la plus haute importance ». Ce n'est que vers le milieu du XXe siècle qu'il a acquis le sens moderne de « porter à son maximum ». Désormais, rien n'échappe à la volonté de tout rentabiliser : ses revenus, ses chances, et même son temps de vacances, comme on le constate ci-dessus, comme si plus rien ne devait être gratuit ou perdu, au risque de voir chuter sa valeur, comme si aucun domaine ne pouvait se soustraire à une logique ultracapitaliste. On a déjà hâte, dans les années à venir, de pouvoir également maximiser ses déclarations d'amour, l'attention donnée à ses enfants ou l'enterrement de ses grands-parents.

Mécontemporain adj. Personne qui refuse obstinément de vouer un culte à l'esprit de l'époque malgré l'insondable subtilité des messages de propagande de celle-ci.

Micro-agression n. f. Macro-foutage de gueule. Agression le plus souvent « intériorisée » par notre système de pensée colonisé que seules les personnes les plus *éveillées* et les plus focalisées sur leur ressenti parviendront à percevoir après avoir passé leurs émotions au filtre de la déconstruction et avoir braqué sur leur cœur le microscope des oppressions. Contrairement aux crimes et aux délits, la micro-agression présente l'immense avantage de n'être soumise à aucun délai de prescription. Il sera donc toujours temps, sur votre lit de mort, d'accabler votre famille et vos amis de reproches en ressortant des vieux dossiers, juste avant de les quitter définitivement.

Migrants n. m. Le mot « migrants » s'est tellement imposé dans les médias qu'il est devenu extrêmement rare de lire « sans-papiers » ou « clandestins », deux mots utilisés auparavant pour les désigner. On trouve parfois le terme « réfugiés », qui n'est pas équivalent puisqu'il fait référence à une situation particulière bien qu'il soit parfois utilisé comme un synonyme. Dans son brillant essai *La Langue des médias*, Ingrid Riocreux remarque que « le terme "migrants" a ceci de commode qu'il réduit des foules de personnes à leur seul déplacement ». Le suffixe « ant », qui ne distingue pas le substantif du participe présent, renforce l'impression que ces gens sont toujours « en train de migrer ». Le lieu ainsi que le contexte d'arrivée et de départ sont complètement niés, tout comme les conséquences de cet arrachement et de ce changement de vie. Il semble alors que le seul but du voyage soit de réussir sa traversée, ce qui, compte tenu des conditions dans lesquelles elle s'effectue, est souvent particulièrement périlleux, mais est loin d'être le seul problème. Contrairement à « émigrer », le terme « migrer » n'était utilisé à l'origine que pour les objets, notamment les marchandises. Ce terme récent illustre bien la difficulté à penser l'immigration de manière globale, le débat se résumant trop souvent à « tous les faire venir » ou « n'en accueillir aucun », le tout en n'assumant jamais les conséquences de telles décisions. À l'arrivée, les gagnants sont ceux pour qui l'immigration n'a qu'un intérêt économique. Elle permet à certains de s'enrichir facilement en les envoyant dans des embarcations de fortune au péril de leur vie et à d'autres de recruter une main-d'œuvre bon marché pour réduire le coût du travail tout en faisant pression sur les bas salaires. Pour eux, peu importe d'où elles viennent et où qu'elles aillent : l'essentiel est que ces populations continuent à se déplacer, on ne s'inquiétera de leur sort que le temps de la « migration ».

Mobilités n. f. « Le mouvement des marées et le mouvement des capitaux sont les deux mamelles du mouvement perpétuel », disait Pierre Dac, qui ignorait tout, le pauvre, des nouvelles mobilités. « Le capitalisme est un pari sur le mouvement : c'est de là que vient le progrès », lui a génialement répondu Alain Minc, qui a la lucidité de mettre sur le même plan une promenade autour du mont Ventoux et un trajet en Berlingo sur un tronçon de l'A86 entre Nanterre et Saint-Denis. Quoi de plus valorisant que d'avoir les mêmes qualités qu'un véhicule et, partant, qu'une machine? Ne boudons pas notre plaisir : avec ChatGPT, ça ne va pas durer. Hélas, la mobilité est comme par hasard souvent fustigée par des sédentaires qui ignorent tout de la volupté des mobilités douces et qui manquent cruellement de goût, préférant le plus souvent rester dans leur banlieue délabrée plutôt que de partir « décompresser » quelques jours en Polynésie.

Mojo n. m. Mot témoignant de la fatalité de la vie et de l'impossibilité, à la manière d'Œdipe, d'échapper à son destin tragique. *J'ai réussi à choper deux places pour le concert des Enfoirés, j'ai trop le mojo !*

Muscler v. t. (Cf. Fort.) Dans une société où on parle régulièrement de « masculinité toxique » et où la virilité n'est pas toujours vue d'un très bon œil, la fréquente exhibition de « muscler » peut surprendre, et ce d'autant plus qu'on ne peut « rendre plus puissante » ou « renforcer » une politique sans réflexion et sans idées. Si le terme est parfois utilisé au sens propre, cet emploi est de plus en plus rare. À l'inverse, tout semble désormais pouvoir être musclé : sa position, sa stratégie et même ses réseaux, comme le révèle ce titre des *Échos* du 3 mars 2023 : « Gautier muscle son réseau de magasins de meubles contemporains ». Le mot « muscler » peut donc aisément remplacer tout un tas d'autres verbes. Trahirait-il un certain manque d'inspiration des politiques et des médias qui se contentent trop souvent de faire du neuf avec du vieux ou de se soumettre au bon vouloir de l'économie et de la pensée magique ? Ce n'est pas impossible. Pour contourner le règne de la com et l'appauvrissement du langage, c'est surtout le vocabulaire et le cerveau qu'il faudrait « muscler ».

N

Narratif n. m. Ensemble d'éléments de langage qui a le mérite d'être pleinement « assumé », qui ne déçoit jamais et qui ne manque pas d'être immédiatement suivi d'effet. *Pour contrer la vague de mécontentement au lendemain des émeutes, le gouvernement promet un narratif puissant, concernant, porteur d'espoir et d'apaisement, et en prise directe avec les préoccupations des Français pour mieux les accompagner et solutionner leurs difficultés, en empathie. Le président promet en outre un nouveau Grand Débat pour rester au contact des citoyens et en immersion.*

Nauséabond adj. Depuis quelques années, le terme « nauséabond » est très souvent utilisé pour qualifier les idées ou les propos d'un adversaire ou pour promettre d'en finir avec un contexte exécrable que l'élection d'untel ou untel permettra de purifier. Emprunt tardif au latin composé *nauseabundus*, « qui éprouve le mal de mer », le mot a pris le sens de « nauséeux », « fétide », « qui dégage de mauvaises odeurs » et au sens figuré de « répugnant ». Il a ceci de commode qu'il permet à la fois d'alerter d'un potentiel danger et de cibler des discours ou une situation sans avoir à utiliser d'arguments pour démontrer la menace que ceux-ci représentent. Il est d'ailleurs employé parfois non pas pour qualifier des propos ou un climat, mais des personnes. La récurrence de ce terme donne-t-elle raison à ceux qui se lamentent de l'appauvrissement du débat public ? Ce serait sans doute « nauséabond » de le penser. Si certains sont plus à même de dénicher des propos ou des personnalités nauséabondes, c'est simplement parce qu'ils ont, à la manière des mouches irrésistiblement attirées par le parfum des charognes, un odorat du Bien extrêmement développé.

Nébuleuse n. f. Depuis plusieurs années, on ne compte plus le nombre de « nébuleuses » qui se sont créées. L'emploi de ce terme ne va pas de soi car le nom commun désigne, selon Le Robert, « tout corps céleste dont les contours ne sont pas nets ». Il semble qu'au sens figuré le mot ait pris peu à peu le sens de l'adjectif nébuleux, « qui manque de clarté ». Si, dans le cas des groupes djihadistes, leur aspect « hétéroclite » peut justifier le fait qu'on insiste sur l'absence de netteté qui les caractérise, on a plus de mal à voir, dans d'autres cas, en quoi on aurait affaire à des nébuleuses. C'est que le mot « nébuleuse » est moins utilisé pour définir quoi que ce soit que pour agir comme un épouvantail et renforcer une impression négative. Il est souvent accompagné d'un adjectif péjoratif (complotiste, conspirationniste, extrémiste, factieuse) ou d'un complément du nom (d'extrême droite, d'extrême gauche). La nébuleuse est commode en ce qu'elle permet de dénigrer un mouvement sans trop avoir à expliquer les raisons de ce dénigrement et sans s'attarder sur son sens parfois très « nébuleux ». Une nébuleuse (du latin *nebulosus*, « flou », de *nebula*, « nuage ») est, en astronomie, un objet céleste composé de gaz raréfié, de plasma ou de poussières interstellaires. Or celle-ci joue un rôle clé dans la naissance des étoiles : est-ce à dire que ces nébuleuses qu'on critique pourraient en réalité se révéler éclairantes pour mieux comprendre notre époque ? Il convient de ne surtout pas répondre à cette question si l'on veut éviter d'être taxé de complaisance, l'important étant de montrer qu'on fait toujours partie du bon camp.

Neutraliser v. t. Tirer deux balles dans le buffet. Le mot « neutraliser » s'impose de plus en plus dans les médias comme le mot officiel servant à indiquer que les policiers ont fait feu sur un terroriste. Peu après l'attentat de la basilique de Nice coûtant la vie à trois personnes, *Nice-Matin* expliquait : « C'est la police municipale qui a réussi à neutraliser l'assaillant. » BFMTV titrait de con côté : « Attentat à Nice : le chef de la police municipale raconte comment les agents ont neutralisé l'assaillant ». Même formule pour LCI, RTL, *La Dépêche*, *Vosges Matin* et bien d'autres. Au lendemain de l'assassinat de Samuel Paty, on retrouvait cette même formule : « L'individu a été neutralisé ». Idem pour l'attaque au couteau de Villejuif ayant causé un mort et deux blessés graves début 2020. « Un mort, deux blessés graves dans une attaque au couteau à Villejuif : l'assaillant neutralisé », titrait alors *Midi Libre*. Plus récemment, en 2023, lors d'une fusillade dans un quartier de Jérusalem-Est, ayant fait sept morts, l'annonce que l'assaillant avait été « neutralisé » n'a pas tardé à suivre. On pourrait multiplier les exemples : les terroristes abattus ou très grièvement blessés par la police sont de façon quasi systématique décrits dans les médias comme *neutralisés*. Ils rejoignent ainsi la grande famille des morts par euphémisme, celle constituée par tous ceux qui ont *disparu* ou se sont *éteints*. Mais l'utilisation extrêmement fréquente de ce terme ne trahit pas seulement la difficulté de notre époque à nommer la mort, elle illustre également un certain décalage entre le réel et la représentation de celui-ci. Dérivé du latin *neutralis* comme pronominal et au sens ancien de « rester neutre », le verbe « neutraliser » a pris à partir de la seconde moitié du XVIIe siècle le sens d'« annuler », « empêcher d'agir » ou « rendre inoffensif ». Or, dans la plupart des cas, si l'on est parvenu à empêcher le meurtrier d'agir, c'est seulement après qu'il a commis certains crimes. On le « rend inoffensif », certes, mais un peu tard. Faut-il en conclure qu'une société impuissante à enrayer le terrorisme islamiste cherche à compenser par les mots ?

Difficile de ne pas faire le parallèle avec d'autres formules comme : « Ils ne passeront pas », « Nous ne lâcherons rien » ou « Nous ferons preuve de la plus grande fermeté » dont on peut parfois douter, sinon de la sincérité, tout au moins de la concrétisation. Bien sûr, une parole politique qui ne se concentrerait que sur les malheurs de la nation ne produirait pas forcément de bons fruits. Mais on peut s'interroger sur les conséquences d'une parole politique et médiatique qui refuse aussi souvent, et parfois obstinément, de voir l'aspect tragique du réel auquel le pays est confronté. En ce sens, l'emploi de « neutraliser » est tout sauf *neutre*.

Neutralité n. f. Attitude souvent exigée par des personnes n'ayant absolument aucune conscience de leurs biais idéologiques. Si l'on peut parfois comprendre ce manque de recul et cette confusion entre intégrité ou honnêteté intellectuelle et objectivité, cela devient préoccupant lorsque cette prétention à la neutralité est revendiquée par les journalistes eux-mêmes.

« L'information de France Info est le reflet d'une couverture exacte, équilibrée, complète et impartiale de l'actualité », écrit le média dans sa charte. « *Le P'tit Libé* est un hebdomadaire d'actualité libre et neutre. Il s'engage à fournir une information vérifiée et équilibrée, sans parti pris », annonce sur son site la version jeunesse du quotidien. On s'étonne que de telles affirmations ne surprennent pas davantage. Étymologiquement, informer signifie « donner une forme ». Par définition, il n'existe donc pas d'information « informe », c'est-à-dire sans forme, non façonnée, brute.

Dans son ouvrage *La Langue des médias*, l'essayiste Ingrid Riocreux rappelle que « l'information ne préexiste pas à sa mise en mots ; le métier du journaliste, c'est précisément de produire de l'information. [...] L'information, ce n'est pas ce qui s'est passé, mais la communication de ce qui s'est passé ». La façon de présenter l'information, ne serait-ce que dans le titre, traduit déjà un parti pris, plus ou moins tranché et visible selon l'événement qu'on raconte, certes, mais pas moins réel. « Y a-t-il une histoire impartiale ? » s'interrogeait rhétoriquement Anatole France dans *Le Jardin d'Épicure*.

À ce titre, les éditos ont au moins le mérite de ne pas prétendre à la neutralité et ne risquent pas de leurrer le lecteur par une fausse objectivité. Certains articles sont beaucoup plus pernicieux dans leur façon d'escamoter leur avis, soit que celui-ci soit disséminé de manière insidieuse sans être *jamais* pris en charge par le rédacteur, soit qu'il soit délégué à une seule personne qu'on a pris soin d'interviewer précisément parce qu'on savait qu'elle donnerait l'avis attendu.

On peut faire l'effort d'exposer des faits de façon neutre au sens étymologique du terme – du latin *neuter*, « aucun des deux », « ni l'un ni l'autre » – dans la mesure où l'on va présenter différentes versions grâce à plusieurs témoins d'un même événement. C'est ce qu'on est censé faire lors d'une enquête. Mais l'idée qu'on pourrait s'effacer totalement au profit des choses que l'on rapporte est une chimère. France Info se contredit d'ailleurs puisque, dans sa charte, le média indique également dans le paragraphe « Le cas particulier du terrorisme » : « Le respect à l'égard des victimes doit primer sur (*sic*) le devoir d'informer. » Voilà un parti pris, quoi qu'on en pense par ailleurs.

Le journal *Libération* semble lui aussi contrevenir à sa promesse initiale lorsqu'il précise : « *Libération* prend chaque jour le parti des citoyens et de leurs droits contre toutes les formes d'injustice et de discrimination, individuelles ou collectives. » N'est-ce pas là également un choix tout sauf neutre qui met au jour le dilemme du journaliste de notre époque entre dire le bien et dire le vrai ? La charte du *Nouvel Obs* est en ce sens moins naïve puisqu'elle annonce sa coloration idéologique, le magazine se présentant comme « un hebdomadaire culturel et politique dont l'orientation s'inscrit dans la mouvance sociale-démocrate ».

Ces réserves à avoir par rapport à une prétendue neutralité n'ont pas empêché le journal *Le Monde*, lors de la création du Décodex, de classer en trois couleurs (vert, orange, rouge) les médias en fonction de leur fiabilité, nous avertissant parfois pour les sites non classés en vert que l'information pouvait être « orientée ». Bigre ! Voilà un journalisme à fuir de toute urgence si l'on veut conserver sa *neutralité* ! Léa Salamé n'aspirait pas à autre chose lorsqu'elle s'apprêtait à intégrer l'équipe d'« On n'est pas couché » en 2014. Elle avait alors déclaré au journal *Métro* : « Contrairement à mes prédécesseurs, j'ai une approche pragmatique des choses. Je ne suis pas une idéologue. » Ne pas donner son opinion suffirait-il à faire preuve de « neutralité » ?

« On ne peut jamais être neutre. Le silence est une opinion », déclarait le peintre Henry Moret. Il ne croyait pas si bien dire. Les informations passées sous silence en disent parfois beaucoup plus long sur ceux qui choisissent de ne pas en parler que les plus bruyants des articles. On a pu s'en rendre compte au moment de l'affaire Mila, des journaux préférant ignorer son existence plutôt que de traiter un sujet « sensible ».

On le voit aussi régulièrement lorsque des médias préfèrent traiter certains événements uniquement sous l'angle de la réception pour ne pas avoir à aborder un sujet embarrassant, un journaliste ayant toujours le choix de dire ou de ne pas dire ce qu'il sait. Lorsque le passé judiciaire du réalisateur Ladj Ly a été révélé, *Télérama* n'a pas hésité à cautionner le silence entretenu : « Ladj Ly ne parle jamais de son séjour en prison, et les journalistes avaient, jusqu'à présent, toujours respecté son silence. »

Bref, il est très ingénu de ne pas voir que, selon le journal dans lequel on travaille, certains faits ne constitueront même pas un « sujet ».

Ne pas savoir d'où l'on parle, c'est n'avoir aucun recul sur ses propres idées, c'est donc être tellement « idéologisé » qu'on n'a même pas conscience de l'être.

Non binaire adj. (Syn. : *gender fluid*.) Si votre enfant joue tout autant au camion qu'à la poupée et qu'il aime se déguiser en superhéros comme en princesse, c'est sans doute qu'il est non binaire puisqu'il ne répond à aucun stéréotype de genre en ne se comportant ni comme un garçon ni comme une fille, deux catégories construites qui, rappelons-le, n'existent pas en tant que telles. Comme il ne semble correspondre à aucune de ces deux grandes catégories construites, il est par conséquent urgent d'en construire une troisième.

Non essentiel adj. Magnifique néologisme lui-même non essentiel, qui a connu son heure de gloire pendant l'épidémie de Covid et dont on se séparera sans regret. La langue française possède pourtant des synonymes comme « facultatif », « superflu » ou « accessoire », mais ils sont sans doute considérés comme trop violents à l'ère des éléments de langage et des messages « pédagogiques ». Le terme a désigné la plupart du temps les produits qui n'étaient pas considérés comme « de première nécessité », pour reprendre une autre formule utilisée par le gouvernement. Mais il a qualifié parfois de manière métonymique les « rayons » des supermarchés, et, plus étonnant, les commerces eux-mêmes, comme s'ils n'étaient pas « absolument nécessaires » à ceux qu'ils font vivre. Cette association maladroite que l'on retrouve dans d'autres articles illustre la logique qui prédomine depuis de très nombreuses années et qui voit les petits commerces, mais aussi les établissements publics jugés « non essentiels » fermer les uns après les autres. Cela interroge également sur ce qu'on juge essentiel au sens étymologique de « caractéristique », de « ce qui a trait à l'essence », dérivé du bas latin *essentialis*. Les besoins spécifiques de l'homme sont-ils seulement le boire et le manger ? « La littérature est l'essentiel, ou n'est rien », affirmait Georges Bataille. « Il y a dans la peinture quelque chose de plus, qui ne s'explique pas, qui est essentiel », répondait en écho Auguste Renoir. La question est plus que jamais d'actualité dans une société qui méprise le beau, qui a fermé les librairies pendant les confinements et qui semblait prête à sacrifier les liens sociaux et jusqu'à la famille pour sa seule survie. Il y avait pourtant de bonnes questions à se poser à condition de ne pas oublier que ce qu'on considère comme essentiel est très personnel.

La culture est-elle essentielle à Roselyne Bachelot ?
La pensée est-elle essentielle à Gilles Le Gendre ?
La danse est-elle essentielle à Jean-Michel Blanquer ?
Les coiffeurs sont-ils essentiels à Éric Ciotti ?
Les fleurs sont-elles essentielles à qui n'a jamais trompé sa femme ?
La notion même d'essentiel est-elle essentielle à ceux qui ne sont pas fans d'Emmanuel Moire ?
Les congélateurs sont-ils essentiels à Véronique Courjault ?
Gabriel Attal est-il essentiel ?

O

Orthoshaming n. m. Fait de ne pas trouver ça « hyper cool » que les gens fassent trois fautes par mot jusqu'à l'université et que certains d'entre eux ne prennent même pas la peine de se relire avant de vous imposer leurs accords répugnants. L'orthoshaming permet de mieux accepter la dichotomie entre les gens importants et ceux qu'on ne juge pas dignes de savoir écrire et à qui l'on préfère faire croire que ce ne sera ni un handicap social ni une frustration quotidienne de ne pouvoir s'exprimer correctement.

Overbooké adj. Surchargé de futilités, de pensées parasites et d'anglicismes inutiles. *Je t'aurais bien invité à prendre un drink mais je dois répondre à plein de mails asap puis j'ai un colis relais et ma femme à récupérer, sorry !*

Ovni n. m. Anciennement « soucoupe volante ». Produit qui ressemble comme deux gouttes d'eau à tous ceux qui l'ont précédé. *Le dernier roman d'Amélie Nothomb fait figure d'ovni dans cette rentrée littéraire. Écrit d'une traite, comme une urgence, il nous impacte d'emblée par sa sensibilité tout en retenue* *et questionne avec humour le rapport à soi dans un monde chaotique. Incontournable.* Il est à noter qu'à la différence de la soucoupe volante dans les films de science-fiction, l'ovni littéraire/cinématographique/pictural (rayez l'un de ces mots désormais dépourvus de sens) ne retourne, hélas, jamais d'où il vient pour l'éternité. (Ant. : classique, chef-d'œuvre.) (Syn. : navet, croûte, BD d'Emma.)

P

Paradigme n. m. Emprunté au bas latin *paradigma*, du grec *paradeigma*, « modèle, exemple », le mot désigne « un modèle de référence », « un modèle de pensée », voire « un système de représentations, de valeurs, de normes qui influent sur la perception du monde ». Il semble que depuis quelques années le moindre projet de réforme, la moindre idée, la moindre « mesurette », voire un simple ajustement de positionnement politique d'un parti devienne aussitôt un changement de paradigme. Pourtant, malgré ces innombrables transformations, le monde d'aujourd'hui n'a jamais autant ressemblé à celui d'hier. Il est donc urgent d'ouvrir encore plus souvent la porte du paradigme.

Pass n. m. Orthographe fautive de « passe », mot sans doute trop français pour être crédible, raison pour laquelle « pass » a peu à peu supplanté le « passeport sanitaire », régulièrement évoqué avant d'être évincé par les politiques puis les médias au profit du premier. Le nom masculin « passe », qui permettrait d'éviter un anglicisme, est pourtant attesté depuis le XIXe siècle. Il peut désigner un objet servant à ouvrir toutes les portes – et est alors l'abréviation de passe-partout – ou encore un « permis de circuler en chemin de fer », mot d'ailleurs formé sur l'anglais *pass*. Un passe au sens d'objet qui « ouvre l'accès à » quelque chose existe donc en français depuis des décennies. Mais à la manière du « cocooning » (cf. Cocooning), on lui préfère un mot anglais, comme si, au cours de cette période de pandémie, on n'avait pas créé suffisamment de néologismes inspirés de la langue de Shakespeare. Les politiques, dont le rôle se confond de plus en plus souvent avec celui de conseillers en communication, ont compris que le meilleur moyen de diriger la start-up nation était de lui appliquer des méthodes de *management*. Le terme « pass » rappelle à la fois les heures les plus sombres de la gouvernance par les chiffres et la peur, mais également le « pass culture » cher à l'ancien ministre de la Culture Franck Riester, sans qu'on sache lequel de ces souvenirs est le plus terrifiant. Ou plutôt si : le fait que Franck Riester ait été ministre de la Culture.

Patriarcat n. m. Pierre philosophale moderne permettant de transformer n'importe quelle notion en victime de ce fléau. Sa définition extrêmement large et prodigieusement flexible vous permettra d'y ranger aussi bien ce qui concerne vraiment le patriarcat que ce qui pourrait presque s'y opposer. Pour comprendre parfaitement cette notion, il suffit de vous procurer l'excellent livre de Véra Nikolski, *Féminicène*. Je l'aurais volontiers recensé avec précision mais, en tant que représentant du patriarcat, j'ai préféré confier cette tâche ingrate à une femme et laisser Natacha Polony s'en charger.

Péchu adj. Mot ayant la faculté de faire disparaître chez l'interlocuteur toute énergie et qui lui donne envie de se pendre plutôt que d'entendre la suite. *Il faudrait* *trouver un concept bien péchu grâce à une stratégie pushy pour booster le projet et rendre le process plus quali.* (Syn. : *catchy*.)

Pédagogie n. f. Pratique consistant à expliquer au peuple avec condescendance ce qu'il sait déjà en feignant de croire que ses réticences proviennent d'une mauvaise compréhension de la situation. *Sur la réforme de l'assurance chômage, nous n'avons hélas pas su faire preuve de suffisamment de pédagogie.* Emprunté au dérivé grec *paidagôgia*, « direction, éducation des enfants », le mot « pédagogie » désigne « la science de l'éducation des enfants », selon Le Robert. Son acception moderne se confond régulièrement avec l'idée d'absence de sanction, comme si cette dernière ne pouvait jamais avoir une portée éducative, ce qui en dit long sur la progression des idées véhiculées par l'éducation positive. Ainsi, on entend régulièrement les commentateurs de football affirmer que l'arbitre d'une rencontre a « fait preuve de pédagogie » lorsqu'il ne sort pas d'emblée le carton jaune. En politique, le terme est très régulièrement utilisé pour présenter des décisions impopulaires de manière favorable. On a ainsi l'impression que le désaccord provient nécessairement d'un défaut d'analyse du peuple et qu'il suffirait de lui expliquer correctement les choses pour qu'il saisisse le bien-fondé des décisions des dirigeants. Alors que c'est souvent parce qu'il n'a que trop bien compris qu'il est mécontent.

People n. m. Individus qui en plus de n'avoir, comme vous, aucun talent particulier doivent accepter d'être régulièrement reconnus dans la rue par des gens encore plus cons qu'eux.

Performer v. i. Le terme de « performance », qui existait déjà en ancien français, a été réemprunté de l'anglais au cours du XIXe siècle pour s'appliquer au domaine du sport. L'emploi du verbe « performer », calqué sur l'anglais, s'est étendu ces derniers temps au domaine du travail, de la vie personnelle, et de la compétition en général grâce au culte de l'individu savamment confondu avec celui de la liberté et/ou de la réussite. Le verbe reste toutefois utilisé principalement par des gens qui n'ont jamais « performé » en français.

Performeur n. m. Si vous croisez des écologistes nus dans un parc à Lyon ou des femmes qui veulent à tout prix se toucher le sexe devant vous dans un musée, ne vous méprenez pas, il ne s'agit peut-être pas d'exhibitionnistes mais tout simplement de « performeurs », c'est-à-dire de gens plus intelligents que la moyenne, qui ont compris qu'il était beaucoup plus rentable de faire la même chose que chez soi devant d'autres personnes puisque la seule véritable différence est la rémunération.

Pervers (narcissique) n. m. Synonyme contemporain d'« ex ». *Il m'a quittée mais c'est un soulagement car je me suis rendu compte que c'était un pervers narcissique.*

Phosphorer v. i. Activité de pensée réservée au cercle restreint de ceux qui gardent leurs « slides » pour faire l'amour. Le mot « phosphore » est l'adaptation (1677) du grec *phôsphoros*, « qui apporte la lumière », « qui illumine », appliqué en particulier aux divinités. À partir de la fin du XIXe siècle, le mot « phosphorer » a pu signifier plus simplement et familièrement « réfléchir » ou « penser ». On peut toutefois douter que cela requière une grande réflexion de s'interroger sur la juste place du pot de yaourt dans la poubelle, comme le suggérait *La Voix du Nord*, le 7 décembre 2022 : « Plus besoin de phosphorer devant le bac de tri. » Toutefois, on espère vivement qu'on sera un jour tenu au courant du résultat. Bref, plus besoin de consacrer quotidiennement un temps précieux à la réflexion, la société du progrès est capable de penser sur commande, notamment grâce à des réunions de l'élite susceptibles de déboucher à tout moment sur un « dispositif en copilotage listant une batterie de mesures à mettre en œuvre et de leviers à actionner pour fournir tous les outils nécessaires à un changement de paradigme par le biais de nouvelles actions concertées ». C'est à se demander comment il est possible, après toutes ces années passées à « phosphorer », que le monde ne soit pas encore parfait et qu'il existe malgré tout certains problèmes. C'est sans doute que Mark Zuckerberg et Elon Musk n'ont pas encore eu le temps de tous les traiter.

Piloter v. t. À l'origine, « conduire un navire » (XVe s.). Le terme a pris ensuite, au XIXe siècle, le sens figuré de « servir de guide à quelqu'un » puis « diriger un avion, une voiture ». Depuis quelques années, il est employé dans le sens de « diriger un projet », car notre intelligence supérieure nous a permis de comprendre qu'il suffit le plus souvent d'appuyer sur les bons boutons au bon moment pour mener une politique digne de ce nom et que tout ne consiste qu'à gérer des *arbitrages* à distance, sans rencontres ni consultations. Autrefois, la personne capable de piloter un engin (un avion, un tank, un hélicoptère) inspirait une forme de respect et pouvait même faire rêver les plus petits. Fort heureusement, depuis que les écologistes ont détruit les rêves polluants des enfants, le pilotage désigne uniquement le fait d'être responsable de projet. « Si à cinquante ans t'as jamais piloté de projet en synergie, t'as raté ta vie », aurait déclaré sur son lit de mort Mère Teresa, citée par Alain Minc.

Pitcher v. t. Raconter, narrer, pour les fans de « storytelling ». Considérer le monde de façon tellement simpliste que l'on estime normal de tout réduire à un scénario facile à résumer. *Dans cette vidéo, on vous pitche la Bible, la pensée de Schopenhauer et le conflit israélo-palestinien en moins de vingt secondes.*

Pluriel adj. Certaines personnes plus sensibles ou plus observatrices que la moyenne ont constaté que leur humeur variait grandement en fonction des jours et des événements. Loin de considérer bêtement que cela faisait partie des aléas de la vie et qu'il en allait sans doute de même pour l'humanité tout entière, elles en ont pertinemment déduit qu'elles avaient une identité *plurielle*. Si vous êtes dans ce cas et que vous considérez, par exemple, que votre côté *zèbre* et votre personnalité lunatique s'équilibrent, c'est probablement que vous êtes mûr pour participer à un séminaire d'éveil et de pleine conscience ou à un stage de construction d'un tambour chamanique pendant la pleine lune pour la modique somme de 2 750 euros hors taxes « prix d'ami ».

Poète n. m. Mot qui désignait autrefois de vulgaires rimailleurs comme Baudelaire, Verlaine ou Rimbaud, mais qui a pris une autre dimension grâce aux « critiques littéraires » qui parviendraient à déceler de la poésie jusque dans les conseils « healthy » de Clara Luciani pour *Marie Claire*. Le poète, que Victor Hugo désignait dans *La Légende des siècles* comme « un monde enfermé dans un homme », avait même parfois le mauvais goût de flâner et donc de se déplacer sans aucun « objectif » précis. Depuis qu'on a affublé de ce titre des écrivains aussi incontournables/indépassables/indémodables (biffez les adjectifs haïssables) que Paulo Coelho ou Christian Bobin, le mot est devenu encore plus commun que l'adjectif « solaire » au cinéma. Fini la *poïèsis*, au diable l'aspect trivialement artisanal de la création. Il ne manquerait plus désormais qu'on qualifie de poétique une intervention ampoulée de Christiane Taubira à l'Assemblée, voire une photo de Bruno Le Maire posant avec sa tasse de café devant un paysage sur Facebook pour que l'apocalypse advienne. « Le poète se consacre et se consume à construire un langage dans le langage », disait Paul Valéry qui ne connaissait manifestement ni les linguistes atterrées ni Pierre de Maere.

Polémique n. f. Prétexte à un article ou à un débat. À ce titre, l'expression « créer la polémique » interroge tant elle est souvent moins l'œuvre des « twittos » que de ceux qui relaient leurs propos. La polémique présente un double avantage non négligeable : elle aura toujours tendance à privilégier les sujets cruciaux comme la tenue de telle ou telle personnalité lors de la montée des marches et elle permettra à chacun de « réagir » et de « se positionner » selon son rôle préétabli.

Politique adj. Politicien. Que ce soit au moment de l'avis du Conseil constitutionnel sur la réforme des retraites, de la sortie du dernier confinement ou de la dissolution des Soulèvements de la Terre, on a pu entendre des personnalités dénoncer des « décisions politiques ». Si l'on peut comprendre le reproche dans le cas d'une institution censée se prononcer uniquement sur la conformité à la constitution des lois, il est plus surprenant lorsque les décisions en question sont prises précisément par des représentants politiques. L'adjectif « politique », emprunté au latin *politicus*, lui-même emprunté au grec *politikos*, de « polités » (de la cité, de l'État), désigne, selon Le Robert, « ce qui est relatif à l'organisation et à l'exercice du pouvoir ». Va-t-on reprocher aux *gouvernants* chargés de prendre des décisions politiques de le faire ? Lorsqu'on dénonce des décisions de justice « politiques », comme l'ont fait certaines personnalités LR au lendemain de la condamnation de Nicolas Sarkozy dans l'affaire dite des « écoutes », on s'insurge d'un supposé « mélange des genres ». Mais qu'en est-il lorsqu'il s'agit d'une simple volonté d'opérer des choix ? Ne devrait-on pas au contraire se réjouir que le gouvernement prenne des décisions « politiques » ? Comment cet adjectif qui désigne à l'origine « ce qui est propre à un bon gouvernement » a-t-il pu devenir aussi connoté négativement et se confondre systématiquement avec l'idée de calculs politiciens ? Est-ce la faute de ceux qui nous gouvernent ? Répondre à cette question serait peut-être trop « politique ».

Polyamour n. m. Concept servant la plupart du temps à justifier une infidélité. Plutôt que de confesser à son conjoint qu'on l'a trompé, il peut se révéler préférable d'expliquer qu'on s'est découvert polyamoureux. Il est conseillé en ce cas, pour esquiver la notion de trahison, de rendre le *coming out* le plus solennel possible, de convoquer une foule de termes spécialisés et de présenter l'ensemble de la confession comme un exercice délicat et extrêmement intime, voire comme le stade ultime de la confiance et de l'engagement.

Or l'amour sans engagement c'est un peu comme un essai de Raphaël Glucksmann : ce n'est intéressant que si on aime rester en surface. Si c'est à vous que votre conjoint annonce qu'il est polyamoureux, dites-lui que de votre côté vous avez découvert votre *asexualité*, mais que vous voulez bien qu'il continue à partager le loyer du moment qu'il renonce à tout rapport sexuel.

Porter v. t. Schtroumpfer. Les générations un peu rustres qui nous ont précédés pensaient naïvement qu'on ne pouvait porter que des planches de bois, voire, pour les plus arriérées, qu'il fallait dans certaines situations porter ses c… Fort heureusement, le progrès est passé par là et l'on peut dorénavant porter à peu près tout et n'importe quoi : des projets, des propositions de loi, une vision de la liberté, des valeurs, etc., sans que cela n'affecte en rien notre corps mais sans que cela ne demande non plus, ô miracle de la science et du cercle de la raison, aucun effort ni à notre imagination ni à notre esprit. *Bernard Cazeneuve veut porter une nouvelle vision pour la France.* Il est intéressant de constater que ces nouvelles acceptions se rapprochent de l'étymologie du mot. Le verbe porter est en effet issu du latin *portare*, « faire passer, transporter, amener au port », avec l'idée de mener à bien quelque chose. Le verbe exprime aussi à l'origine le fait pour une femme d'être enceinte. Porter un projet ou une vision consisterait donc à aller jusqu'au terme pour leur donner naissance. Mais c'est bien là le drame. Pour certains projets, à commencer par celui de Macron, on se dit qu'il aurait été préférable d'avorter tout de suite.

Positionner (se) v. pron. Utilisé à l'origine dans le domaine technique, le verbe « se positionner », d'après l'anglais *to position*, est régulièrement employé ces dernières années pour illustrer une stratégie « marketing ». Il s'agit alors, selon Le Robert, de « définir un produit quant à son marché, au type de clientèle qu'il intéresse ». Comme souvent, ce vocabulaire d'entreprise s'insinue ensuite en politique. Deux jours après la prise de pouvoir des Talibans, Euronews titrait : « Migration, politique : l'Union européenne tente de se positionner sur l'Afghanistan », comme si l'important n'était pas de savoir quelle position on allait adopter mais simplement qu'on envisageait d'en avoir une. Le 10 juin 2023, le journal *Les Écho*s titrait : « Bernard Cazeneuve se positionne pour 2027 ». On ne peut que s'en réjouir mais on espère toutefois qu'il va de temps en temps changer de position en quatre ans pour éviter la crampe. « L'hypothèse d'un remaniement prochain plane toujours au-dessus du gouvernement, dont certains membres tentent déjà de se positionner », pouvait-on lire sur le site de RTL au moment des rumeurs de remaniement.

Comme dans la publicité, ce qui compte n'est pas ce qu'on fait, ni même ce qu'on dit, mais « l'image qu'on va renvoyer ». Et si le changement de position n'est pas toujours utile, il a le mérite de procurer du plaisir.

Positiver v. t. ou i. Reprendre à son compte le slogan d'une enseigne de supermarchés est souvent le signe qu'on est sur la voie de la sagesse et de la pensée complexe. Et il faut bien reconnaître que les « valeurs modernes » facilitent grandement l'exercice.

> Vous n'avez pas d'argent ? Vous consommez moins, c'est bon pour la planète !
> Votre femme vous a quitté ? Vous ne serez plus tenté de faire des enfants, c'est bon pour la planète !

Vous ne parvenez pas à vous débarrasser de votre addiction à l'alcool ? Vous consommez donc peu d'eau, c'est bon pour la planète !
Votre meilleur ami est mort ? Son empreinte carbone ne pourra plus augmenter, c'est… je crois que vous avez compris l'idée.

Postfasciste adj. Terme utilisé dans beaucoup de médias au lendemain de la victoire de Giorgia Meloni en Italie. Le préfixe, issu du latin *post*, « après », exprime au sens étymologique du terme uniquement la postérité dans l'espace ou le temps. Sémantiquement parlant, tout mouvement politique ayant émergé après 1943 pourrait donc être considéré comme « postfasciste ». Le fait que certains médias emploient indifféremment les termes « postfasciste » et « néofasciste » semble témoigner de cette perte de sens du préfixe. Mais la présence de l'adjectif honni permet quand même d'associer le mouvement de la présidente du Conseil, même de façon lointaine, à un système politique abhorré. Bref, l'adjectif « postfasciste » semble aussi précis et éclairant que tous les autres néologismes en « post » comme postindustriel, postmoderne ou postdémocratique. Vivement l'avènement d'une langue postnéologisante, au sens étymologique du terme cette fois-ci, pour accéder enfin à la postvérité.

Poster v. t. Déféquer par le clavier. « Quoi de plus complet que le silence ? » se demandait stupidement Balzac. L'homme moderne, quant à lui, a compris combien il était précieux pour ses contemporains et la postérité de donner son avis sur tous les sujets. Le temps de réflexion qui préside au « clic » sur le bouton « publier » est à peu près équivalent à celui qui précède une question d'Augustin Trapenard.

Présentiel n. m. Calqué sur l'anglais *presential* : anglicisme ridicule employé par des gens avec qui on ne devrait avoir des conversations qu' en « distanciel ».

Proactif adj. Quasiment actif, qui ne devrait plus tarder à se mettre en mouvement, à deux doigts d'instaurer une commission chargée de produire un rapport sur un sujet qui mériterait d'être « mis sur la table ». En général, les crises de démence – aussi appelées accès de productivité – du proactif se manifestent par d'irrépressibles envies d'aller sur LinkedIn pour publier du contenu « inspirant ». (Syn. : corse.) Depuis quelques années, le mot « proactif » remplace de plus en plus fréquemment l'adjectif « actif ». Simple surenchère dans la volonté de montrer qu'on combat l'oisiveté ? On peut le penser, notamment lorsqu'on lit dans un article du *Télégramme* du 21 juin sur une nouvelle prolongation de la suspension des accouchements à la maternité de Guingamp cette déclaration du maire : « Nous devons être en mode proactif sur ce dossier pour avoir une réouverture pérenne. » En quoi consiste le fait d'être proactif sur ce sujet ? Le maire va-t-il lui-même accoucher les patientes en cas de réouverture prématurée ? Le mystère demeure. Emprunté au latin *activus*, employé en philosophie, où il est opposé à *contemplativus*, « actif » a déjà toutes les qualités requises pour exprimer ce que « proactif » cherche à mettre en valeur. Cet emprunt à l'anglais *proactive*, qu'on date des années 1970, apparaît donc comme un nouveau signifiant vide de sens passé par l'entreprise et chargé de vendre du rêve à l'électeur-client. Formé à partir de *pro* et *reactive*, « réactif », il nous rappelle que le plus important est de savoir « rebondir », de s'adapter sans cesse afin de saisir tous les sujets à la mode et les concepts

« porteurs ». Ainsi, ceux qui nous dirigent se montrent souvent plus « proactifs » pour trouver de nouveaux mots que de nouvelles idées.

Problématique adj. Qui doit être effacé de toute urgence. L'adjectif « problématique », emprunté au bas latin *problematicus*, lui-même emprunté au dérivé grec *problematikos*, signifie « qui pose un problème », « qui est difficile à résoudre ». Le nom commun nous ramène quelques années en arrière à l'exercice de la dissertation et sa problématique, préalable au débat dialectique. Ce qui est intéressant dans l'acception moderne du terme, c'est que ce mot semble bien davantage fermer le débat que l'ouvrir. « *Jeanne du Barry* : comment couvrir un film "problématique" à Cannes ? » titrait au printemps Slate, qui avait au moins pris soin de mettre des guillemets. Pour justifier la disparition de « nègres » du titre *Dix Petits Nègres* en français, remplacé par *Ils étaient dix*, on a parlé à plusieurs reprises de « mot problématique », l'adjectif signifiant alors « qui doit disparaître ». Parfois, ce sont les personnes elles-mêmes qu'on estime « problématiques ». Le site de *Libération* titrait en mai : « Lagerfeld au MetGala : "Karl" reste problématique », sous-entendant que de tels artistes devaient être réduits au silence. Ce mot qui ouvrait des perspectives fécondes de débat est donc devenu en quelque temps un mot qui valide sa fermeture, nette et définitive. De plus en plus d'intellectuels l'assument, voire revendiquent le refus de la confrontation d'idées tandis que des personnalités jugées « problématiques » se voient interdire l'entrée des universités où elles étaient précisément invitées pour débattre. Et à cela, les adeptes du « problématique » ne semblent voir aucun problème.

Productif adj. Libéré du travail à la chaîne, l'homme peut enfin devenir sa propre machine. Et comme toute machine performante, il est en droit de s'interroger non pas sur son devenir ou son essence métaphysique (il laissera cela à Raphaël Enthoven et Michel Onfray), mais sur son rendement, seul « outil d'évaluation », unique mètre étalon de ses compétences. « Que m'est-il permis d'espérer ? » se demandait benoîtement Kant. L'homme moderne supérieur lui préférera cette plus vertueuse interrogation : « Ai-je été productif aujourd'hui ? » Flaubert s'est livré à un travail de recherches de cinquante-neuf mois pour publier *Salammbô*. Il a également rangé pour quelque temps dans un tiroir sa première version de *La Tentation de saint Antoine* que ses amis loyaux à qui il avait demandé leur avis n'avaient pas trouvé suffisamment bon. Amélie Nothomb, quant à elle, publie avec la régularité d'un producteur de téléréalité un roman par an depuis trente ans. Or la seconde n'est-elle pas de loin supérieure au premier ? De même, à la télévision, Cyril Hanouna, Pascal Praud et Yann Barthès font partie de ceux qui *produisent* le plus. Quel esprit sain pourrait sans sourciller remettre un instant en doute leur génie ? L'esprit de paresse et de flânerie a permis la naissance des médiocres *Rêveries du promeneur solitaire* de Jean-Jacques Rousseau ou de la rébarbative *Presqu'île* de Julien Gracq. L'esprit de maximisation des possibles a fait éclore le chef-d'œuvre contemporain de David Amiel et Ismaël Emelien, *Le progrès ne tombe pas du ciel*. Est-il vraiment besoin d'ajouter quelque chose ?

Progressisme n. m. Idéologie qui a tellement d'angles morts qu'elle a moins de chances de se prendre un mur en avançant en marche arrière, ce qui tombe assez bien puisque c'est à peu près la seule chose qu'elle sache faire. Progressiste : homme qui a l'impression d'avancer lorsqu'il se rend d'un point A à un point A avec ses mots-valises.

Projet n. m. Nom commun qui a pu naguère, avant la campagne de 2017, évoquer le futur de manière réjouissante.

Pudique adj. Emprunté (1542) au latin *pudor, oris*, le mot « pudeur » désignait autrefois un « sentiment de honte, de retenue, de délicatesse » (dérive de *pudere*, « avoir honte »). Une personne pudique était par conséquent celle qui cachait ses propres émotions par réserve, par timidité ou par vergogne et dont les joues se teintaient symboliquement de rouge, ce qui avait amené Molière à les désigner par la périphrase « trônes de la pudeur » dans *Les Femmes savantes*, et ce qui faisait dire à Georges Courteline que « la vraie pudeur est de cacher ce qui n'est pas beau à faire voir ». Par un renversement dont notre époque a le secret, la pudeur consiste aujourd'hui à cacher certains ornements esthétiques comme le cou et les cheveux et se confond avec la pudibonderie, elle n'est plus une vertu morale mais la manifestation visible de sa chasteté ou de sa pureté et cherche moins la discrétion que l'affichage. C'est l'exhibition de sa pudicité qui est devenue une « valeur ». « Je me souviens des quolibets lancés avant la révolution […] contre ce malheureux et virginal vicomte Sosthène de La Rochefoucauld, qui allongea les robes des danseuses de l'Opéra, et appliqua de ses mains patriciennes un pudique emplâtre sur le milieu de toutes les statues. Monsieur le vicomte Sosthène de La Rochefoucauld est dépassé de bien loin. La pudeur a été très perfectionnée depuis ce temps et l'on entre en des raffinements qu'il n'aurait pas imaginés », écrivait

Théophile Gautier dans la préface à *Mademoiselle de Maupin*, regrettant que « les oreilles de messieurs des journaux so[ie]nt devenues tout à coup si janséniquement chatouilleuses ». Qu'aurait-il dit à l'heure du burqini en France au XXIe siècle ?

PuissantE adj. f. Depuis quelques années, et encore plus depuis que la journaliste Léa Salamé présente une émission intitulée « Femmes puissantes », la puissance est régulièrement associée à l'univers féminin et on ne compte plus le nombre d'émissions, de podcasts, d'articles et de portraits de *Libé* vantant l'ascension de telle actrice, de telle chanteuse, de telle militante, voire de telle patronne de grande entreprise, forcément *puissante*. Leur succès n'aurait rien à voir, tant s'en faut, avec leur milieu social d'origine, leur héritage, voire le nom de leurs parents, elles seraient toutes passées, comme Léa Seydoux en son temps, par « l'école de la vie ». Si l'on comprend la volonté de *se réapproprier* un mot qui caractérise plus volontiers des attitudes ou des attributs masculins, on peut s'interroger sur l'effet produit. Participe présent préroman de « pouvoir », l'adjectif « puissant », quand il ne qualifie pas une chose capable de produire un grand effet, qualifie à l'origine, en ancien français, la personne qui a beaucoup de pouvoir ou qui est physiquement vigoureuse, puis à partir du XVIe siècle, une personne qui a de gros moyens financiers. Le détournement de ce mot vers les champs culturel et sociétal semble suggérer que la véritable puissance se trouverait en soi, qu'elle n'aurait rien d'extérieur. Il y a également en creux l'idée qu'une puissance n'aurait pas nécessairement besoin de s'organiser collectivement. Pas sûr que les citoyens modestes qui ne sont ni acteurs ni écrivains ni mannequins trouvent cette nouveauté particulièrement « puissante ».

Pulling n. m. Précarité enviable, à l'image du *slashing* (cumul de deux emplois). Tentative de faire passer le fait de se cailler les miches l'hiver en raison de l'inflation et du coût de l'énergie pour une activité insolite et trépidante dont la figure de proue n'est autre que le sémillant et charismatique Bruno Le Maire. *Cet hiver, mettons-nous tous au pulling !*

Q

Quartier n. m. Depuis quelques années, le terme « quartiers » a pris un sens péjoratif sans qu'il ne soit plus besoin de lui adjoindre d'adjectifs comme « difficiles » ou « défavorisés ». Le phénomène n'est pas nouveau puisque les mots « banlieue » ou « cité » ont pu subir le même sort par le passé. Selon Le Robert, le quartier désigne pourtant « la partie d'un lieu », la « division administrative d'une ville » : on peut difficilement faire moins connoté comme définition. Il existe aussi des quartiers riches et des banlieues bourgeoises, comment donc expliquer cet emploi absolu ? Y a-t-il une forme de réticence à nommer certaines réalités, voire une pointe de culpabilité d'avoir concentré la misère, de l'avoir laissée s'étendre ? On peut l'envisager. La notion de quartier a aussi ceci de commode qu'elle laisse à penser que les problèmes seraient uniquement géographiques, qu'ils viendraient moins de la construction de ghettos urbains que de l'appartenance à une zone bien précise. L'autre limite de cet emploi est qu'il tend à uniformiser les gens y vivant. Lorsque *Le Figaro* nous apprend que « la mort par balles de deux jeunes hommes le 31 octobre à Carcassonne est liée à des rivalités entre quartiers », il donne l'impression que tous les résidents sont mobilisés par la guerre des gangs et que ce ne sont plus seulement des bandes qui s'affrontent. Une chose est sûre en tout cas : cela prendra du temps de pacifier ces « quártiers », mais le travail de longue haleine de Macron et de ses prédécesseurs dans les zones difficiles commence à porter ses fruits comme on a pu le constater en juillet dernier. Dans certaines villes écolos, grâce aux intitulés de délégation choisis par les maires, la délinquance est déjà en passe d'être enrayée. Qui oserait encore vivre du trafic à Grenoble alors qu'il existe une adjointe à la « tranquillité publique » et au « temps de la ville » ? Qui aurait le courage d'affronter David Belliard à Paris, chargé de veiller au « code de la rue » ? Quant à Bordeaux, celui qui troublera l'ordre public alors qu'un adjoint est en charge de la « nature en ville et des quartiers apaisés » n'est pas encore né. Tant s'en faut, les voyous ont déjà sûrement troqué leurs kalachnikovs contre un bouquet de romarin.

Queutard n. m. Individu dont le pénis peut à tout moment être atteint d'un cancer du cerveau et sur lequel il est impossible de pratiquer une ablation sans atteindre les organes vitaux.

R

Rajouter v. t. Verbe de plus en plus souvent confondu avec ajouter. C'est tout, je préfère ne pas en rajouter.

Rance adj. Adjectif servant souvent à dénoncer « l'extrémisme » également très utile pour disqualifier les propos d'un adversaire idéologique, nécessairement infréquentable. Dans le quotidien suisse *Le Courrier*, l'auteur et chroniqueur Dominique Ziegler écrivait à propos d'un livre de Michel Onfray le 15 septembre 2021 : « La lecture est difficile, tant elle suinte la haine de l'altérité, l'ethnocentrisme rance et surtout la certitude de pouvoir éructer sur autrui en toute impunité. » « Rance » est ici proche de « nauséabond », mot commode qui permet lui aussi d'éreinter ses adversaires sans avoir à argumenter, mais avec une nuance de sens supplémentaire de « vieux », « qui a fait son temps ». Emprunté au latin *rancidus*, « avarié », « qui sent », le mot est dérivé de *rancere*, « mûrir », « pourrir ». On retrouve cette connotation dans les propos de Christophe Castaner lorsqu'il déclarait pendant la campagne présidentielle sur BFMTV que Zemmour « nous décrit le visage d'une France rance, qui veut surfer sur les peurs ». L'ancien ministre sous-entend ainsi que la

France a pu autrefois être rance mais qu'elle ne l'est plus. Cela revient à dire que tout ce qui n'est pas récent est presque pourri et que le bien ne peut surgir que du progrès et de la modernité. Une idée qui pourtant existait déjà à l'époque de la « France rance ».

Rassuriste n. m. (Formé à partir du radical de « rassurer » et du suffixe « iste ».) Terme apparu pendant la pandémie pour désigner tous les criminels peu enclins à céder à la panique générale et refusant de comparer le Covid à la peste. Ce magnifique néologisme que n'auraient pas renié nos plus grands écrivains et qui a eu l'immense mérite de polariser le débat en le réduisant une nouvelle fois à une simple distinction entre « pro » et « anti » n'a cessé d'être utilisé par ceux-là mêmes qui passent leur temps à fustiger les « déclinistes » qui « jouent avec les peurs des Français » avec pour conséquence de « monter les citoyens les uns contre les autres ».

Rayonner v. i. Contaminer avec plaisir, si possible mondialement. *Avec ses 12 millions d'albums vendus à travers le monde, Aya Nakamura est l'artiste française qui rayonne le plus à l'international.* On est loin, et c'est heureux, des piteux conseils ringards prodigués par Victor Hugo : « La lumière est dans le livre. Ouvrez le livre tout grand. Laissez-le rayonner, laissez-le faire. »

Réagir v. i. Commenter, voire analyser dans le langage moderne. « Il vaut mieux manifester sa raison par tout ce que l'on tait que par ce qu'on dit », affirmait Schopenhauer, qui aurait mieux fait d'appliquer son conseil à sa formule tant elle paraît insignifiante si on la compare aux trésors de sagesse dont regorgent les « réactions » des internautes sur les réseaux sociaux.

Réapproprier (se) v. pron. Considérer comme sien quelque chose qui avait été confisqué par les « dominants », mais uniquement dans le domaine abstrait et plus particulièrement les représentations sociétales. On pourra par exemple dire que dans telle mise en scène du *Misanthrope* de Molière « Célimène, loin d'être la figure de la femme volage, profiteuse et hypocrite souvent décrite par la caste des dominants, se joue de la masculinité toxique pour mieux affirmer l'*empowerment* des femmes en se réappropriant les codes du patriarcat ». En revanche, la phrase « les employés se sont réapproprié une partie des dividendes des actionnaires » restera fort heureusement dans le domaine de l'utopie.

Rebondir v. i. « Le Cac 40 échoue à rebondir après les nouvelles sanctions sur le pétrole russe », titrait BFMTV le 8 mars. Dans un article paru deux jours après l'élimination du PSG en 2022 et intitulé « Le PSG est-il impossible à coacher ? », le magazine *So Foot* expliquait que l'entraîneur, Mauricio Pochettino, pourrait très bien « rebondir ailleurs ». Depuis quelques années, les coachs en développement personnel nous invitent sans cesse à « rebondir » après une épreuve, semblant oublier sciemment qu'un rebond peut très bien, selon la forme du ballon et les conditions extérieures (le sol sur lequel il rebondit, les conditions météorologiques, etc.), nous projeter dans des lieux pires que les précédents ou nous faire chuter d'encore plus haut. Rien de plus imprévisible, par exemple, que le rebond d'un ballon de rugby sur un terrain bosselé et en pente un jour de grand vent. Cela n'empêche nullement les amateurs du rebond de faire passer cet élément aléatoire pour le summum de la prise de contrôle. Il n'est pas inintéressant de constater que parallèlement, depuis trois ans, l'expression « rebond épidémique » a au contraire une connotation péjorative. Issu du latin populaire *bombitire*, « bourdonner », le mot « bondir » a gardé le sens étymologique de « retentir », « résonner » en ancien français avant que l'évocation des sons montants et descendants le fasse dériver vers le champ visuel. Au sens figuré, « rebondir » a ensuite pu exprimer, selon Le Robert, l'idée de « prendre un nouveau développement après un arrêt » ou « retrouver une situation favorable après une période de difficultés ». On peut se demander si l'injonction permanente à rebondir n'est pas incompatible avec le fait de prendre du temps pour analyser les causes profondes des échecs. Et si cette tendance à penser que le problème vient de nous et qu'il pourrait toujours être résolu de façon individuelle ne cache pas une difficulté actuelle à affronter les problèmes collectivement. Mais on peut compter sur ce terme pour ne pas rester à jamais enfermé dans cet emploi et pour savoir « rebondir ». En attendant cette éventualité, le terme « rebondir » a parfois tendance à se confondre avec l'adaptation « quoi qu'il en coûte », à tel point qu'il ne sera bientôt plus étonnant de voir un mari vous remercier de l'avoir cocufié, lui offrant ainsi la possibilité de se remettre en question, d'être plus flexible et de mieux « rebondir ». Vous lui chieriez dessus au sens propre qu'il se sentirait encore honoré de votre confiance et à la fois flatté et privilégié de partager votre intimité, semblable au mari décrit par Jules Renard : « Il est tellement cocu que, pour faire l'amour avec sa femme, il se déguise en voisin. »

Recadrer v. t. Apparu dans les années 1990, le verbe « recadrer » signifie initialement « redéfinir le cadre, l'orientation d'une action, une politique, un projet » et est alors synonyme de « recentrer le débat ». Pourtant, son emploi récent est très élargi puisqu'il est régulièrement utilisé comme synonyme de « réprimander », mais aussi d'« apporter la contradiction », voire de « s'emporter » ou de « faire taire ». Lorsque *Le Monde* titre, en septembre 2022 : « Macron recadre Darmanin et Dupond-Moretti après la polémique sur le terme "ensauvagement" », difficile de savoir qui de Macron ou du média considère qu'il y a « recadrage ». Le chapeau donne plusieurs indices : « Un débat sémantique autour de ce terme largement utilisé par l'extrême droite sature l'espace politico-médiatique. » Le sature-t-il autant que « recadrer » ? Rien n'est moins sûr. On constate en tout cas que le « recadrage » est dans l'esprit de certains un préalable nécessaire si l'on veut éviter les fameux « dérapages ». Et l'on peut légitimement se demander qui des politiques ou des journalistes veille le plus à ce qu'on ne sorte surtout pas du cadre comme de bons élèves de maternelle qui ne veulent surtout pas dépasser quand ils colorient. À la différence près que les thuriféraires du recadrage sont souvent ceux qui sont le plus convaincus de penser « *out of the box* ».

Recentrage n. m. Philosophie de vie visant à pratiquer davantage l'introspection et le retour sur soi prônés par tous ceux qui passaient déjà le plus clair de leur temps à se regarder le nombril. (Syn. : onanisme, Cristiano Ronaldo.) *Dans une vidéo, Noémie de Lattre explique comment elle est parvenue à se recentrer sur elle-même après cinq années passées à tout sacrifier pour les autres à travers l'écriture de son recueil* *prônant la générosité et l'altruisme désintéressé :* Moi, mon cœur, mon cul.

Recharger v. t. Dernière étape vers la transformation définitive de l'être humain en objet. Son seul but : avoir suffisamment d'énergie pour accomplir sa tâche et *consommer* son existence. Il est primordial de se livrer à cette opération régulièrement pour obéir à son destin. *Je suis parti un week-end à Deauville, ça m'a permis de bien recharger les batteries. Depuis j'enchaîne les briefs efficients, les recos pushy et les solutions win-win.*

Reconnecter (se) v. pron. Magnifique terme faisant partie du champ lexical – en pleine expansion – de la machine et quasi systématiquement suivi de l'expression « à soi » ou « à la nature », ce qui revient en définitive au même chez les prédicateurs de « la reconnexion à son moi profond ». Ces sages, qui ont bien compris que la nature humaine nous poussait à aller sans cesse vers les autres, prônent donc le retour à soi et à l'introspection effrénée afin de résister aux basses pulsions trop humaines nous incitant, dès que nous avons cinq minutes de libres, à rendre visite aux personnes âgées en EHPAD ou à aller garder gratuitement les enfants de nos amis.

Redynamiser v. t. 1/ Donner un dernier élan avant la mort. *Les universités du PS ont redynamisé le parti.*
2/ Virer. *On va redynamiser ce secteur en injectant un peu de nouveauté et des forces vives.*

Réenchanter v. t. Enchanter de nouveau quelque chose qui ne l'a jamais été jusque-là. *Cette formation* *sur le bonheur au travail sera l'occasion d'apprendre à réenchanter votre quotidien en entreprise.*

Réindustrialisation n. f. « Running gag » du gouvernement.

Réinventer (se) v. pron. Étape qui précède généralement la déliquescence progressive du cerveau, la participation à une émission de téléréalité ou l'inscription au fan-club de BHL. (Syn. : appeler au secours.) Tous les jours, des gens qui ont la puissance créatrice du parolier de Christophe Maé et l'imagination d'un dindon décapité vous somment de vous « réinventer », n'hésitez pas à y voir un indice.

Relationner v. t. « Réseauter », dans le cercle semi-amical des « connaissances » ou des gens que l'on côtoie au quotidien. Entrer en relation mais « en conscience » et sans perdre de vue des « objectifs » précis afin de ne pas gaspiller d'énergie ni de temps gratuitement avec des anonymes inutiles pour votre carrière. (Ant. : se lier d'amitié.)

Repentance n. f. Ce qu'il y a de commode avec la repentance telle qu'on la définit actuellement, c'est qu'elle peut ne pas nous concerner directement et qu'elle n'implique en aucun cas de notre part un changement de voie. « La repentance », titrait en édito *Le Parisien* le 27 mai 2022 au sujet de l'affaire Ferrero, qui avait vu l'entreprise commercialiser des produits avariés. Deux mois plus tôt, dressant le bilan du premier quinquennat d'Emmanuel Macron, *Le Figaro* titrait : « Macron et l'Algérie : un quinquennat de reconnaissance et de repentance mémorielles ». À la suite des crimes commis par l'Église catholique, de nombreux articles ont également évoqué la « repentance » de cette dernière. Du latin médiéval *repoenitere* (IXe s.), de *re* à valeur intensive et *poenitere*, altération du latin *paenitere* par l'influence de *poena*, « peine », le verbe « repentir » a d'abord signifié « être mécontent de soi ». Ainsi, le terme « repentance » a désigné le « regret douloureux que l'on a de ses péchés », voire la volonté d'y renoncer. Or, ce qui frappe dans les emplois récents du mot, c'est que le « regret amer » est souvent, comme dans le cas de Ferrero, une simple « communication de crise », qui est davantage la résultante d'une colère extérieure dont on est la cible que d'un cheminement intérieur vers la pénitence. On semble alors moins « mécontent de soi » que préoccupé par l'image que l'on renvoie. En outre, cette prétendue « repentance » concerne dans de très nombreux cas des crimes que l'on n'a pas soi-même commis ; il faut reconnaître que c'est plus confortable que de se remettre en question. Pour ne jamais avoir besoin de se soumettre au dogme actuel de la religion de la repentance, il est vivement conseillé de réciter chaque jour son credo.

Je crois en un dieu du progrès,
le Parent 1 et 2 tout-puissant,
créateur de la galaxie Internet et de la Terre ;
et en Jeff Bezos,
son Fils préféré, notre Seigneur,
qui a été conçu de l'Esprit du Bien,
est né de la Vierge Patrie des citoyens du monde,
a souffert sous les micro-agressions,
a été invisibilisé,
silencié et enseveli,
est descendu dans l'enfer du peuple,
après quelques jours est ressuscité des moins-que-rien,

est monté aux Cieux des People,
est assis à la droite du dieu réformiste tout-puissant,
d'où il juge les vivants et les morts médiatiques.
Je crois en l'Esprit du Temps,
à la sainte Mondialisation multiculturelle,
à la communion des Experts,
au rétropédalage rédempteur,
à la conscientisation des phénomènes problématiques,
à la résurrection du *care*,
à la vie éternelle grâce à l'IA.
Ainsi soit iel·le.

Réseauter v. i. Rencontrer des patronymes à inscrire dans un carnet d'adresses ou passer une demi-journée sur LinkedIn pour « augmenter sa visibilité ».

Résilience n. f. Popularisée par le neuropsychiatre Boris Cyrulnik, la « résilience », celle qui permet à un individu de résister à l'épreuve, est partout. Le mot est devenu tellement usité et galvaudé qu'il a pu désigner, lors du confinement, le respect des restrictions, si bien que sa définition toujours plus large peut aussi bien convoquer l'esprit de résistance que celui de soumission aux règles en vigueur. On nous vend même aujourd'hui des balles de tennis « haute résilience ». On est loin des hésitations de Paul Claudel rapportées dans *Le Nouvel Obs* dans un article daté du printemps 2020. Revenu d'Amérique, l'écrivain se demandait, en 1936, comment il allait bien pouvoir traduire *resiliency*, ne trouvant pas d'équivalent en français. Les politiques ne font pas tant de cérémonies, eux qui en appellent de plus en plus souvent à cet effort individuel pour ne pas risquer d'être accusés de faillite collective. Leur discours n'aurait pas tant de résonance s'il ne faisait pas écho à celui de beaucoup de coachs de vie ou de formateurs en tout genre. Pour résumer, si vous vous laissez aller bêtement à l'alanguissement après avoir été témoin d'un attentat ou si vous avez du mal à vous remettre de la perte de votre emploi juste après celle de votre fils, ce n'est certainement pas parce que le système dysfonctionne, c'est uniquement parce que vous ne faites pas preuve de suffisamment de résilience.

Responsable adj. Les politiques aiment annoncer fièrement qu'ils assument leurs responsabilités, qu'ils n'hésiteront pas à « prendre leur part » de responsabilité ou qu'ils agissent « en responsabilité ». Vrai sens du devoir ou aveu d'impuissance ? « Presque toujours, la responsabilité confère à l'homme de la grandeur », disait Stefan Zweig. Tout est dans le « presque ». Pas seulement parce qu'il y a un gouffre entre les discours et les actes mais aussi parce que le terme « responsable » est volontiers utilisé pour justifier des décisions autoritaires. Lors du blocage des raffineries, Olivier Véran, porte-parole du gouvernement, a mis en parallèle devant le Sénat (le 12 octobre 2022) responsabilités et réquisitions : « L'État prendra ses responsabilités et décidera des réquisitions nécessaires. » En outre, on peut se demander si, à l'ère de la mondialisation, les politiques ont autant de latitude pour agir qu'auparavant. L'évolution sémantique du mot « responsable » offre à ce sujet un début de réponse. Dérivé du latin *responsum*, l'adjectif « responsable » qualifie au XIVe siècle une personne qui doit rendre compte de ses actes et de ceux des personnes dont elle a la garde. Au XVIIe, il s'emploie à propos d'un gouvernant devant rendre compte de sa politique. Puis, à partir de 1965, sous l'influence de l'anglais *responsible*, l'adjectif a pris la valeur psychologique de « sérieux, réfléchi », s'appliquant par métonymie à un acte. C'est ainsi que la responsabilité s'est insidieusement déplacée de celui qui en a la charge à ceux sur qui s'exerce le pouvoir, aux citoyens lambda qui sont sommés de limiter drastiquement leur consommation d'eau, de veiller à porter le masque dans les transports ou de régler leur thermostat à 19 °C. Imagine-t-on le général de Gaulle annoncer qu'il va « prendre sa part de responsabilité » ou inviter les Français à prendre chacun la leur ? C'est peu probable pour un homme qui tenait en si haute estime sa propre responsabilité politique qu'il l'a régulièrement mise en jeu en recourant au référendum, allant jusqu'à envisager la démission en cas de désaveu, en 1958, en 1962 et en 1969. Cette volonté d'assumer ses responsabilités tout en les fuyant ne concerne pas seulement les actions mais également les propos qu'on a pu tenir (cf. Rétropédaler), ce qui trahit peut-être de la part de ceux qui nous gouvernent une difficulté à se projeter : on ne peut aussi facilement renier un commentaire sur l'actualité qu'un projet à long terme. Aujourd'hui, le discours politique se résume bien souvent à dire au citoyen ce qu'il faut faire, mais cet appel à la responsabilité fonctionne en partie, puisque celui-ci se sent désormais individuellement responsable du devenir de la planète, au point que l'« écoanxiété » a contaminé bon nombre de nos enfants. Cette délégation croissante de la responsabilité ne va pourtant pas sans un contrôle de plus en plus important, comme on a pu le voir pendant la pandémie. Elle devient alors, outre un aveu d'impuissance des élites, la « liberté » de faire ce qu'on nous impose. Il existe pourtant un espace entre la responsabilisation à outrance de l'individu et l'attente passive de l'arrivée de l'homme providentiel qui sauvera la collectivité. Mais il est trop souvent rempli par des discours creux et velléitaires qui ne sont, pour reprendre la formule de Stendhal, que « des masques que [les hommes] appliquent sur leurs actions ».

Rétropédaler v. i. Faire semblant de ne plus penser ce qu'on vient de dire deux minutes auparavant. Pour ce faire, il est conseillé d'évoquer la mauvaise compréhension du contexte dans lequel on a prononcé ses paroles et « l'instrumentalisation » de ses propos, sous peine de ne pas être très crédible. *Après avoir accusé sur Twitter la congrégation maçonnique de favoriser la judaïsation de la France, Philippe a rétropédalé, regrettant que ses propos aient été récupérés à des fins idéologiques.*

Le rétropédalage est, si l'on s'en tient à la définition du dictionnaire, l'« action de pédaler à l'envers ». Or il est impossible de revenir tout à fait au point de départ puisqu'on ne peut pas effacer les déclarations initiales. On peut donc se demander à quel point ce terme de « rétropédalage », qui s'est imposé partout dans les médias depuis quelques années, est adapté aux situations qu'il décrit. Celui-ci n'est pas davantage un retour en arrière car il ne se fait, la plupart du temps, qu'en réponse aux réactions suscitées. Ce n'est donc qu'un coup de pédale de plus pour fuir la contradiction et la peur de choquer. Il est à cet égard assez cocasse d'employer le terme « rétropédalage » pour ce qui n'est le plus souvent qu'une marche en avant vers la doxa.

Revisiter v. t. Déformer, dénaturer, avilir, abâtardir. Si comme la plupart des chanteurs, des écrivains ou des metteurs en scène contemporains, vous n'avez aucun talent, pensez à utiliser une œuvre existante en la modifiant à la marge. Pour une pièce de théâtre, il vous suffira de remplacer les costumes d'époque par des joggings Lacoste ou d'ajouter à des dialogues classiques quelques « wesh wesh », « lol » ou « pas de souci ». Il se trouvera toujours quelque critique progressiste pour crier au génie devant cette œuvre « revisitée ».

Révolutionnaire adj. Mot ayant atteint son apogée en France le 14 juillet 1789 et décédé brutalement le 24 novembre 2016, jour de la parution de l'ouvrage *Révolution* du candidat Emmanuel Macron. Depuis lors, le terme peut qualifier indifféremment tout événement, qu'il s'agisse du énième plan de licenciement d'une multinationale ou du cinquantième 49.3 d'Élisabeth Borne.

(Morning) Routine n. f. Rituel matinal pour une star ou une personnalité connue. S'il s'agit de Beyoncé, le simple fait de se lever à 9 heures et de boire un café pourra être considéré comme une « morning routine ». S'il s'agit de vous en revanche, même l'effort de se lever à 4 h 15, de gober 10 œufs crus puis d'enchaîner soixante séries de 50 pompes, 400 tractions et autant d'abdos ne pourra tout au plus que déboucher sur un « réveil matinal ». Mais la plupart du temps, on se contentera de dire que vous aimez bien le sport, que vous vous entretenez ou que vous faites « un peu d'exercice ». Notre conseil : *pour gagner en visibilité, musclez votre créativité.*

Ruissellement n. m. Bruit que fait l'argent quand il tombe très loin de vous.

Si vous n'avez pas encore bénéficié du « ruissellement », c'est uniquement parce que vous ne croyez pas suffisamment en Lui. Inspirez-vous de Bill Gates, d'Emmanuel Macron ou de Vincent Bolloré. Eux y croient, et ils en récoltent les fruits. Il n'y a pas de hasard.

S

Safe space n. m. Espace clos à l'abri des gens qui ne pensent pas comme soi et protégé de toute remise en question.

Salutaire adj. Qui vous assure le salut dans cette vie et après la mort au paradis des belles personnes. Le 11 novembre 2022, RFI se posait cette question cruciale au sujet du énième changement de nom de Christine and the Queens dans un article consacré à la chanteuse : « irritant ou salutaire ? » C'est que le mot « salutaire », emprunt au dérivé latin *salutaris*, « qui concerne la conservation, le salut », auparavant employé dans le domaine de la santé et, de façon anecdotique, pour désigner ce qui est propre à assurer le salut de l'âme, a de plus hautes prétentions et qualifie désormais tout ce qui peut contribuer à assurer l'éternité du monde moderne. On pourra ainsi saluer, c'est le cas de le dire, un barrage républicain salutaire ou un 49.3 salutaire.

Sanitaire adj. Politique. *Passe sanitaire*, *mesures restrictives sanitaires dans les restaurants.*

Sapiosexuel n. m. Personne qui croit, sous prétexte qu'elle n'est pas sensible uniquement à l'apparence physique d'autrui, qu'elle a inventé une nouvelle forme d'amour, mais qui se jetterait nue sur Brad Pitt si elle était enfermée seule avec lui plus de cinq minutes. Le sapiosexuel, qui imagine que ses congénères trouvent un charme fou à l'inculture ou à la bêtise, néglige souvent le degré élevé de non-sapiosexualité qu'il faut pour tomber amoureux de lui. Sapiosexuel radicalisé : individu qui consulte régulièrement des sites pour adultes de cerveaux nus.

Scrolling n. m. Voyeurisme non puni par la loi, pour lequel on peut donc n'éprouver aucune culpabilité ni aucun remords et qui permet, le cœur léger, de s'adonner à d'autres passions plus saines comme l'insulte anonyme sur Twitter ou la publication d'une vidéo de *revenge porn*.

Secure (safe) adj. Mot ayant remplacé « sûr » dans la bouche de tous ceux qui affirment avec aplomb qu'il n'y a aucun problème d'insécurité en banlieue et que les rares agressions à la Chapelle sont uniquement dues à l'étroitesse des trottoirs.

Sénior n. m. Vieux qu'on tente une dernière fois d'infantiliser avant sa mort. À noter que cette volonté de le faire paraître plus jeune, pouvant être assimilée à un acte d'apitoiement, le fait aussitôt paraître plus vieux.

Sentiment n. m. « Conscience plus ou moins claire, connaissance comportant des éléments affectifs et intuitifs », selon Le Robert. Impression qui a tendance à sous-évaluer la vérité idéologique au détriment du réel. On peut ainsi avoir tendance à éprouver un

« sentiment » d'insécurité au seul prétexte qu'à peu près n'importe qui peut vous égorger sans raison et que même les grands-mères qu'on défenestre ou qu'on agresse et les enfants de deux à cinq ans qu'on larde de coups de couteau ou qu'on crible de balles dans la tête ne sont plus épargnés. De la même façon, on peut facilement se laisser abuser par le « sentiment » d'être méprisé, voire pris pour des pigeons par ceux qui nous gouvernent. Fort heureusement, il est un sentiment stable et infaillible qui doit nous servir de boussole et nous remettre dans le droit chemin : celui des politiques et plus particulièrement de notre président, qui aiment commencer leurs phrases par « J'ai le sentiment que » pour annoncer la vérité du monde. Comment pourraient-ils se laisser abuser comme nous par des « sentiments » alors qu'ils nous prouvent à longueur de temps qu'ils sont tout à fait capables de ne pas en faire ?

Séquence n. f. Séquence nostalgie, séquence culte, séquence inédite, séquence gênante, séquence de fortes chaleurs, séquence retraites, séquence pandémique, séquence haussière à la Bourse : rien ne semble pouvoir résister à la division de nos vies en séquences. Issu du latin *sequentia*, qui signifie « succession », le mot désigne, selon Le Robert, « une suite de plans filmés constituant une scène, une unité narrative ou esthétique ». L'emploi fréquent de ce mot témoignerait-il de l'effacement de la frontière entre public et privé et du besoin absolu de montrer se manifestant par l'habitude de filmer tout ce qui nous passe devant les yeux ? C'est d'autant plus plausible que l'utilisation de ce terme va de pair avec la récurrence des « épisodes » dans les médias. Si l'on s'en réfère à l'étymologie, l'abondance des « séquences » trahit peut-être également un traitement précipité des événements, qu'on ne considère que les uns à la suite des autres, sans recul, sans parvenir à établir de rapport entre eux. Comme si tous les problèmes finissaient par mourir d'eux-mêmes et sans jamais voir que, s'ils n'ont pas été correctement traités, ils renaissent sous une autre forme.

Shitstorm n. m. Avalanche de commentaires négatifs, voire d'insultes et de menaces dont on ignorerait jusqu'à l'existence si au lieu de passer ses journées sur Twitter on se livrait à des activités plus saines comme la patiente élaboration de publications LinkedIn *inspirantes*.

Signature n. f. Le mot désignait auparavant un simple gribouillis personnalisé en bas de page. Il est désormais utilisé régulièrement en apposition (« un plat signature », « une œuvre signature ») pour indiquer que le seul mérite de l'objet en question est d'être l'œuvre d'un nom connu. Il peut même être employé seul pour désigner une voix et, par métonymie, la chronique radio d'une personnalité, avec des fortunes très diverses pour l'auditeur selon qu'il s'agit de Gaspard Proust ou d'Anne Roumanoff. « Rien ne devrait recevoir un nom, de peur que ce nom même ne le transforme », disait Virginia Woolf dans *Les Vagues*. C'était fort heureusement bien avant 2023, avant que l'on cherche à apposer sa *signature* sur le moindre espace libre.

Slam n. m. Texte péniblement versifié insuffisamment littéraire pour être considéré comme un poème, insuffisamment rythmique pour être considéré comme du rap, et insuffisamment profond pour être considéré. Il ne pouvait dès lors être incarné que par un faux rebelle du 93, qu'on couvre de gloire parce qu'au sommet de son art il parvient à faire rimer Roméo et

McDo, ou un adolescent de quarante ans qui ânonne son journal intime avec une voix de bouquetin qu'on s'apprête à émasculer et le charisme d'un candidat de « The Voice » coaché par Jean-Marc Ayrault.

Gageons néanmoins que le temps fera son œuvre car quelles que soient les explorations musicales qu'on puisse faire au cours de sa vie, on finit toujours par revenir à la bien-nommée grande musique : la musique classique. Et écouter André Rieu et Richard Clayderman.

Sobriété n. f. Acte militant n'ayant absolument rien à voir avec une précarité grandissante. Issu du latin *sobrietas*, « tempérance dans l'usage du vin », le mot a naturellement désigné le « comportement d'une personne qui boit et mange avec modération » avant d'être synonyme de « mesure » et de « retenue ». Son emploi dans le contexte politique est particulièrement judicieux puisqu'il est évident que la conjoncture actuelle et à venir permet à tous les citoyens de choisir entre la sobriété et l'abondance, et ce d'autant plus que ces derniers sont particulièrement avides d'ascétisme après deux années marquées par la pandémie et les restrictions. Bref, on voit bien que le choix d'une qualité humaine ou d'une philosophie de vie pour régler des problèmes sociétaux (cf. SolidaritéS) n'a absolument rien de stratégique. Tout comme l'emploi de l'expression « sobriété énergétique » ne peut en aucun cas être une façon de maquiller de nécessaires « économies » d'énergie en raison de la pénurie et du prix du gaz. Pourquoi faudrait-il distinguer les solutions politiques et les comportements individuels ? Vivement davantage de conseils sur « les petits gestes du quotidien à adopter », de préférence sous la forme de dessins ou de courtes vidéos amusantes car les Français n'ont qu'un regret : qu'on ne les infantilise pas davantage.

Sœurcière n. f. Femme qui croit tout ce qui sort de la bouche de Mona Chollet comme si sa bave était, à l'instar de celle du crapaud, un breuvage enchanteur inscrit dans le grimoire des secrets de l'humanité, et qui a l'immense privilège de faire partie du même cercle prestigieux que Sandrine Rousseau, Clémentine Autain, Esther Benbassa ou Alice Coffin. Toutefois, à la différence des sorcières du Moyen Âge qui avaient de solides connaissances et un vrai savoir-faire, les sœurcières se contentent la plupart du temps de se glorifier d'être des femmes, leur curiosité intellectuelle se limitant souvent à la lecture des BD d'Emma ou à la lutte contre l'invisibilisation des sécrétions vaginales. Qui n'aurait pas de compassion pour une telle personne ne serait pas humain. L'idée que la justice souvent expéditive de l'époque n'aurait obéi qu'à des critères strictement misogynes est fort contestable. Certes, à l'époque des premières exécutions, plusieurs médecins proclament l'infériorité des femmes. Mais des hommes, dont quelques prêtres, ont également été condamnés et mis à mort. Ne voir dans cette persécution des magiciens de tout bord que l'accomplissement d'une justice sexiste, c'est surtout faire peu de cas des luttes de l'époque entre les puissances laïques et ecclésiastiques comme l'ont montré Jacques Chiffoleau et Jean-Patrice Boudet, respectivement historien spécialiste du Moyen Âge et professeur d'histoire médiévale. Pour ce dernier, les personnes jugées pour sorcellerie sont avant tout victimes de la « "surchristianisation" du pouvoir ». Il serait enfin incomplet de ne pas corréler l'indifférence qu'ont suscitée ces crimes avec la dimension sociale, les victimes étant pour la plupart de simples paysannes. Quant à la « sororité » sous-entendue dans le terme « sœurcière », rappelons que celle-ci désignait au Moyen Âge une communauté de religieuses. De quoi confirmer la dimension pudibonde de certains de leurs combats ? Je préfère ne pas répondre à cette question odieusement misogyne pour préserver la sororité.

Soignants n. m. Regroupement de tout un tas de métiers qu'on met au même niveau pour mieux faire oublier le manque de considération et l'absence totale de conditions de travail convenables qui touchent certaines des professions désignées par ce terme barbare. Celles-ci sont toutefois largement compensées par des salaires mirobolants, parfois à la limite de l'indécence puisqu'ils ont pu régulièrement dépasser, au cours des confinements, les 4 000 applaudissements par mois.

Solaire adj. Quand un acteur n'est ni spécialement charismatique ni particulièrement talentueux mais que vous vous êtes promis de dire du bien de lui, pensez à dire qu'il est « solaire », ça marche à tous les coups et tous les critiques ont l'air de savoir ce que ça veut dire. On pourra même penser que vous vous y connaissez en plans et en qualité de l'image. *Dans ce film où elle campe la directrice d'une ONG qui tombe amoureuse d'un réfugié syrien trans, aveugle et paraplégique, Virginie Efira est solaire.*

SolidaritéS n. f. pl. Comment expliquer la fréquence de l'emploi au pluriel de ce terme depuis quelques années ? Le ministère des Affaires sociales et de la Santé lui-même est devenu en 2017 « ministère des Solidarités et de la Santé ». La solidarité est, selon Le Robert, « une relation entre personnes ayant conscience d'une communauté d'intérêts », relation animée par un sentiment de « cohésion », de « dépendance » et d'« obligation morale ». Pourquoi ne suffirait-elle plus au singulier ? N'y a-t-il pas qu'une seule solidarité : celle qui relie entre eux les êtres humains ou a minima les citoyens ? Ce pluriel témoigne-t-il de l'atomisation de la société et de sa difficulté à se penser comme nation ? Il n'est pas interdit de le penser. Mais une solidarité qui se morcelle en autant de sous-catégories qu'il existe de groupes auxquels on s'identifie perd de sa valeur. Formée à partir du latin *solidus* au sens d'« entier », de « consistant », elle ne fait plus autant bloc au pluriel. Et à force de l'attaquer au burin pour défendre sa « communauté », il est fort probable qu'elle s'effrite. On peut même la considérer comme morte définitivement chaque fois qu'en plus de la mettre au pluriel on cherche à lui postposer l'adjectif « actives ».

Solutionnisme n. m. Courant de pensée qui prétend que pour chaque problème existe une solution, mais qui consiste neuf fois sur dix à nier l'existence dudit problème. Si celui-ci se révèle impossible à minimiser, on convoquera alors la Corée du Nord ou la Chine comme épouvantail en incitant les citoyens à aller y vivre s'ils considèrent que la France va si mal que cela. Or le raisonnement est doublement idiot. D'une part, c'est précisément parce qu'on ne vit pas dans ces pays-là que certaines dérives peuvent sembler particulièrement inquiétantes. D'autre part, pourquoi se fatiguer à déménager dans un pays étranger, avec toutes les démarches que cela implique, alors qu'avec un peu de patience on a des chances de tout avoir sur place dans quelques années ?

Sororité n. f. Concept qui permet à toutes les femmes qui en font preuve d'excommunier toutes celles qui sont soupçonnées de ne pas la pratiquer en les traitant de « collabites », ou de « transphobes ».

Souci n. m. Problème qu'on crée de toutes pièces pour mieux se féliciter implicitement de l'avoir résolu sur-le-champ.

« Je ne serai finalement disponible qu'à 14 heures.

— Pas de souci ! »

Stigmatiser v. t. Marquer des stigmates. Le mot « stigmate » est lui-même emprunté au latin impérial *stigmata*, pluriel de *stigma, -atis*, « marque imprimée aux esclaves » et « marque d'infamie », qui désigne en latin ecclésiastique les marques des plaies de Jésus. Le verbe, quant à lui, signifie « noter d'infamie », « condamner définitivement ». Il avait le sens sous l'Ancien Régime (1611) de « marquer au fer rouge un condamné ». Dans son acception moderne, il signifie « montrer du doigt » et donc marquer au fer rouge au figuré. C'est certes loin d'être agréable mais au moins les marques se voient-elles et permettent-elles de ne pas oublier qu'on existe. On peut par exemple regretter la stigmatisation de la Seine-Saint-Denis, mais celle-ci aura au moins permis de doter le département de moyens importants dans certains domaines. On ne peut pas toujours en dire autant de certaines zones rurales et de populations et de citoyens trop souvent oubliés qui auraient peut-être préféré être « stigmatisés » qu'abandonnés.

Sujet n. m. Souvent précédé de l'adjectif « vrai » : thème dont il faudrait que la boucle médiatique s'empare afin d'effleurer les problèmes sans jamais les approfondir. Curieux paradoxe que de déplorer en creux l'abondance des « faux sujets », de ce qui ne devrait pas mériter tant d'attention, et de qualifier tout thème abordé de « vrai sujet ». Sans doute conscients de ne pas toujours traiter les thèmes qui préoccupent le plus les Français, il semble que les médias, les politiques et les experts en tout genre aient donc choisi, pour se prémunir de toute critique, d'antéposer l'adjectif « vrai » à chaque fois qu'est évoqué un « sujet ». Emprunté au bas latin *subjectum*, terme de philosophie et de grammaire, par opposition à *objectum*, « objet », le mot « sujet » signifie, dans son acception moderne, « thème de réflexion » et prend parfois également le sens de « problème à soulever » dont il faudrait débattre plus tard. Signe des temps de la propension à inscrire des projets à son « agenda » plutôt que de prendre le temps de la réflexion ? Il y a là, assurément, « un vrai sujet ».

Super préf. Quasiment semblable à l'original mais en beaucoup moins bien. *Supermarché*. En général, plus l'objet perd en qualité, plus il a de chances de se voir préposer le préfixe « super ». Il ne faut donc pas s'étonner qu'au moment même où on se demandait, à force de voir de nouveaux variants arriver, si on allait un jour se débarrasser définitivement du Covid, un professeur de santé publique au CHU de Lille ait déclaré au *Point* : « La supersortie du virus, c'est à l'été 2022. » À l'heure de la « supercommunication », il semble que de plus en plus souvent le mot « super » désigne moins une qualité supérieure qu'une nouvelle couche qu'on « superpose » à la précédente. Il retrouve alors le sens de l'adverbe ou de la préposition latine *super* : « sur », « au-dessus ». On pourrait même se demander si son emploi n'est pas une façon de compenser linguistiquement ce qui s'annonce comme une perte. La Super Ligue tentait par son nom de faire oublier la disparition programmée du football populaire de même que la supersortie de la pandémie se proposait de compenser sa longévité. Le supermarché serait une façon de masquer la fin du commerce de proximité et les superpuissances n'auraient plus que leur nom pour faire oublier le triomphe de l'économie sur le politique. Bref, si les performances de nos clubs à l'échelle européenne se confirment dans les années qui viennent, il n'est pas exclu qu'on renomme notre championnat « Super Ligue 1 ». Quant au septième art français, il est plus que temps de le renommer « supercinéma ».

Synergie n. f. Depuis quelques années, le terme « synergie », longtemps cantonné au domaine des sciences puis à celui de l'entreprise, se retrouve dans le champ médiatique et politique. Désignant à l'origine « l'action coordonnée de plusieurs organes », il a ensuite pris par dérivation le sens d'« action coordonnée de plusieurs éléments » et est devenu synonyme de « coopération ». Mais lorsque la direction générale de la Santé incite à « encourager la synergie entre les deux campagnes de vaccination » (la grippe et le Covid-19, ndlr), on comprend la simultanéité des deux mais moins l'action coordonnée qui se cacherait derrière. C'est encore plus flou lorsque le chef de l'État, en déplacement à Zagreb, appelait à une « synergie d'actions » pour combattre les réseaux de passeurs. Et que dire de son vœu prononcé à l'Élysée devant 50 patrons du tourisme : « Le défi qui est le nôtre, c'est que notre attractivité continue de se développer et qu'avec des synergies on arrive à transformer la destination » ? Moins les solutions sont précises, plus il semble qu'on appelle à son secours la synergie comme une formule magique. Emprunt savant (1778) au grec *sunergia* dérivé de *sunergein* composé de *sun*, « ensemble », et *energein*, « agir », le mot est devenu de façon assez ironique l'un des symboles de la prédominance des discours et des éléments de langage sur l'action. Mais quand bien même il consisterait à mettre en commun les talents, à la manière de l'intelligence collective souvent prônée par les politiques ou les chefs d'entreprise, il reste à savoir si des intelligences proches du négatif peuvent véritablement s'additionner. Certes, la Bible elle-même affirme que « le salut est dans le grand nombre des conseillers » (Proverbes 11:14). Mais est-il vraiment nécessaire de convoquer une multitude de gens quand ceux-ci ont tous l'ingéniosité d'une soucoupe volante à pédales ou le QI de Marlène Schiappa reproduit par la version 1 de ChatGPT ? Quand on regarde les décisions prises par nos gouvernements ces dernières années, il est permis d'en douter.

Systémique adj. « Qui fait système » à partir d'un certain nombre de phénomènes identiques relevés dans le quotidien de Rokhaya Diallo. Le terme est volontiers confondu avec « systématique », voire avec « structurel », comme lorsque Emmanuel Macron, en clôture du congrès de la Conférence des présidents d'université, appelait de ses vœux une « transformation systémique de l'université » qu'il souhaitait plus « professionnalisante ». Apparu dans les années 1970 et adapté de l'anglais *systemic*, il signifie « relatif à un système dans son ensemble ». La critique du « système » ayant été beaucoup raillée ces dernières années, notamment lors de la campagne présidentielle de 2017 où la candidate RN se présentait comme antisystème, on peut se demander si l'emploi de « systémique » n'est pas un moyen de contourner les moqueries. Et d'éviter par la même occasion de détailler en quoi consiste le « système » qu'on critique, démonstration moins aisée que sa dénonciation. Si l'on a vu ces dernières années se développer les concepts de « racisme systémique » et de patriarcat ou de sexisme systémique, l'emploi de cet adjectif semble s'étendre à d'autres domaines. Au point qu'on peut se demander si l'adjectif systémique ne va pas lui-même finir par devenir « systémique ».

T

Table (sur la) n. f. « Mettre un sujet sur la table » équivaut à préparer l'opinion à l'idée qu'on va vraiment en discuter. Or si, pour les conseils municipaux, c'est fréquemment le cas, dans d'autres cadres, au hasard les débats au sein du gouvernement, on a parfois l'impression qu'on cherche simplement à rendre moins douloureuse une future annonce impopulaire. Ainsi, pendant le temps de l'indignation suscitée par ces vraies-fausses rumeurs, on pourra expliquer que « pour l'instant ce n'est pas à l'ordre du jour » mais qu'on « n'écarte aucune piste », pour mieux renforcer l'idée que la concertation bat son plein et que le débat d'idées n'a jamais été aussi fécond. C'est à se demander si nos élus ont encore de la place pour travailler tant depuis des années les dossiers s'accumulent. Bref, lorsqu'un projet est « sur la table », c'est qu'il n'y a quasiment plus aucune chance de la renverser.

Tabou n. m. 1/ Mot, expression ou concept extrêmement usité qui permet de « casser les codes » plusieurs fois par jour. Faites le test : écrivez un article sur le tabou du plaisir féminin ou du patriarcat en entreprise, envoyez-le au HuffPost ou au *Nouvel Obs*, vous avez toutes les chances de devenir journaliste « life », voire « gender editor ». Toute ressemblance avec des centaines d'articles traitant des mêmes sujets sur le même mode ces dernières années ne serait pas purement fortuite, mais serait parfaitement ignorée. Le terme « tabou » est emprunté au XVIIIe siècle à l'anglais *taboo*, lui-même emprunté au polynésien *tapu*, désignant ce qui est interdit et ce que les profanes ne peuvent toucher sans commettre un sacrilège. À l'heure où il faut sans cesse « faire bouger les lignes » pour se donner l'impression de « progresser », il n'est pas très étonnant qu'on finisse par hisser au rang de tabou des choses dont on parle à longueur de journée. Mais c'est presque tabou de le dire.

2/ Sujet portant atteinte à la décence.

La pertinence de l'expression « briser un tabou » n'étant jamais questionnée, on peut l'employer pour tout et n'importe quoi sans distinguer ce qui est véritablement « tabou » de ce qui est peu évoqué en société, car cela relève de l'intime, voire d'une forme d'indécence. Quant à imaginer que certaines choses pourraient gagner à rester cachées, n'y pensons même pas, cela reviendrait à abdiquer face aux puissances des ténèbres qui veulent nous faire taire. Ainsi, dire de ses enfants qu'on aurait préféré qu'ils n'existassent pas, du moment que cela revient à « briser un tabou », est du plus bel effet et générera un nombre incalculable d'articles. Espérons qu'à terme on pourra, sans tabou, dire dans un journal qu'on a toujours rêvé de violer sa belle-fille ou fantasmé de boire le jus de testicules de son conjoint dans son propre crâne après l'avoir décapité et émasculé. Voici deux titres de presse qui pourraient voir le jour dans quelques années ou dans quelques semaines, le progrès étant toujours pressé :

> « Pourquoi évoquer la consistance de ses selles au bureau est-il un sujet tabou ? »

« Quand lèvera-t-on enfin le tabou de la congélation des bébés ? »

Tacle n. m. Auparavant utilisé principalement sur des sites dits « people », le verbe « tacler » est, depuis quelque temps, fréquemment employé par les médias généralistes. Issu du vocabulaire sportif et emprunté à l'anglais *tackle*, le tacle est un geste défensif qui consiste à se jeter au sol dans les pieds de son adversaire en arrivant sur le côté, voire par-derrière pour lui subtiliser le ballon. Son emploi laisse donc supposer que la personne qui le subit est coupée dans son élan de façon inattendue et que son interlocuteur a pris l'avantage. Si le terme n'est pas nécessairement péjoratif, il donne l'impression d'une fermeture du dialogue et amalgame querelles, attaques et critiques réellement constructives. Son usage récurrent permet de créer des polémiques de toutes pièces pour « faire du clic ». Le débat se trouve alors magnifiquement réduit à des « punchlines » et des « petites phrases », bienvenues quand elles servent la « doxa », condamnables lorsqu'elles la remettent en question, et providentielles pour tous ceux qui n'ont pas envie de réfléchir beaucoup, à savoir tous ceux qui vont précisément cliquer sur les articles comportant le mot « tacle ».

Team n. m. Mot employé la plupart du temps par des gens qui font un tout petit peu moins rêver que la Dream Team 96. Ainsi, lorsque vous entendez que « la team Ouigo est heureuse de vous accueillir à bord de ce train » et que le conducteur ajoute : « N'hésitez pas à nous *adresser* tout problème, notre unique but est de faire de cet endroit un *safe space* où l'on prendra soin de vous *cocooner* », il n'est pas impossible que vous ressentiez des envies de génocide ou de diffuser du Vianney dans le wagon. Préférez la première option : sous le coup de la colère, il faut toujours privilégier la mesure.

Tendance n. f. Mot servant à mettre en valeur une absence totale de personnalité ou des goûts entièrement soumis à l'air du temps, notamment lorsqu'il s'agit de qualifier l'accoutrement d'une star dégageant la puissance érotique d'un édito de Patrick Cohen. *Timothée Chalamet dévoile en exclusivité son look très* tendance.

Terf (acronyme de *trans exclusionary radical feminist*, « féministe radicale excluant les personnes trans »). Personnages odieux qui ont le culot de ne pas considérer la réalité biologique comme une construction.

Terrain n. m. Le mot « terrain » qui vient de *terrenum*, de *terrenus*, « formé de terre » et qui a donc pris le sens d'« étendue de terre », peut aussi désigner le « lieu où se déroule un combat ». L'expression « aller sur le terrain » est précisément employée dans ce sens à l'origine. Sans s'en rendre compte, les politiques qui se targuent régulièrement d'« aller sur le terrain » nous expliquent donc fièrement qu'ils partent à la guerre quand ils vont « à la rencontre » de leurs électeurs ou plutôt « au contact », pour reprendre une autre de leurs expressions favorites, comme si daigner toucher leurs prochains ou se rendre en province, pardon, dans les territoires, constituait déjà un haut fait. Pour eux, aller « sur le terrain », c'est prouver qu'ils ne sont pas « déconnectés » des préoccupations et du quotidien des Français, ne voyant pas que l'emploi même de cette expression témoigne de leur vie parallèle et que ce qu'ils appellent « le terrain » n'est rien d'autre que la vraie vie. Quel individu aurait l'idée saugrenue d'annoncer à son conjoint, au moment de se rendre à la poste ou à la boulangerie, qu'il va « sur le terrain », puisqu'il y est déjà, et qu'il y est, pour ainsi dire, constamment ? L'emploi de cette expression illustre à quel point les politiques ont l'impression de changer de lieu ou plus exactement de monde lorsqu'ils côtoient le peuple et confirme par conséquent qu'ils vivent plus ou moins à l'abri de celui-ci. Ainsi, hormis certains élus de petites communes, ils ne sont jamais autant éloignés de la réalité que lorsqu'ils croient s'en approcher.

En outre, « aller sur le terrain », pour un politique, est un peu l'équivalent de sortir avec une caméra pour un journaliste. Le regard est biaisé car le comportement des uns et des autres ne peut pas être tout à fait identique en présence d'un intrus. On ne connaît pas de la même façon les Français lorsqu'on les côtoie sur un lieu de travail ou dans un club que lorsqu'on rend visite de façon officielle à une entreprise ou une association. Ainsi, se prenant pour les confidents des Français lorsqu'ils sortent dans la rue, les politiques croient les écouter, oubliant volontiers que les citoyens ne s'adressent à eux qu'en tant que représentants. Ils en reviennent pourtant convaincus de connaître davantage les besoins des citoyens et le vrai prix du pain au chocolat, à savoir 10 centimes d'euros.

Tips n. m. Petites habitudes dont on peut s'inspirer pour devenir encore plus fat et inutile à la société. *J'ai longuement observé Olivier Véran/Angèle/Kim Kardashian pour essayer de choper ses tips.*

Toxique adj. Qui vous empoisonne l'existence en n'étant pas toujours de votre avis, voire en émettant quelques réserves au sujet de votre immense talent et de vos insondables capacités intellectuelles. *Michel* *m'a coupé la parole au bureau et a brisé ma proactivité en débrief alors que j'étais en plein process de réflexion et en capacité de rebondir sur les push de mes collègues. Il est vraiment toxique.* Formé à partir du latin *toxicum*, lui-même emprunté au grec *toxikon*, « poison pour flèches », le mot signifie à l'origine « qui agit comme un poison » et est utilisé pour qualifier des gaz, des substances, des effets, voire des champignons. Depuis quelques années, la mode consiste à l'employer pour désigner la masculinité, qui serait nécessairement toxique selon les néo-féministes, par opposition à la féminité qui combine douceur, amabilité et générosité, car il est urgent de détruire les stéréotypes. Mais on utilise aussi beaucoup ce terme pour désigner des personnes qu'on appelait autrefois plus scientifiquement des « connards ».

Ce qui change, avec l'emploi de « toxique », c'est que le choix de se séparer de telle ou telle personne dans son entourage est un peu moins assumé, on ne s'en débarrasse pas parce qu'on ne l'aime pas, parce qu'on ne la supporte plus ou parce qu'elle a tous les défauts de la terre, mais parce qu'elle « agit comme un poison » et qu'il est par conséquent devenu beaucoup trop dangereux de la fréquenter. Il en va de sa *santé mentale* de s'en écarter. Le mot « toxique » est ainsi utilisé à l'envi par ceux qui le sont le plus et qui ne voient dans la multiplication de leurs ruptures amicales et familiales ni signe ni point commun ni raison de se remettre en question. *J'ai coupé les ponts avec tous les membres de ma famille et 49 de mes 50 amis. Ce sont des personnes toxiques.*

Transhumanisme n. m. Eugénisme appliqué aux finances. Projet visant à rendre éternel l'homme gagnant plus de 100 k par mois, et à raison : un homme augmenté est avant tout un homme qui a déjà eu beaucoup d'augmentations. « Désirer l'immortalité, c'est désirer la perpétuation éternelle d'une grande faute », disait Arthur Schopenhauer, dans *Le Monde comme volonté et comme représentation*. Voilà un homme qui n'aurait pas mérité d'être sauvé pour l'éternité par nos milliardaires.

Transition n. f. L'immense avantage de la transition, c'est qu'elle atteint d'emblée son objectif. Dès lors qu'on l'annonce, celle-ci a déjà débuté, et nul ne sait combien de temps elle prendra. Le changement écologique exigerait des résultats probants. La transition écologique en revanche peut se reposer quelques siècles sur sa confortable promesse d'annonce de transformation de modèle. Rien ne vous empêche, dès lors, d'appliquer cette méthode vertueuse à d'autres domaines de votre vie. Ne dites jamais à votre conjoint que vous souhaitez rompre, dites-lui plutôt que vous avez débuté une phase de transition amoureuse. Attention : si on vous annonce au travail l'élaboration imminente d'un agenda transitionnel de restructuration de l'entreprise à visée uniquement consultative, il y a de fortes chances pour que vous soyez viré dans les trois semaines.

Transitionner v. i. Décider de continuer à se sentir mal dans un autre « genre » que le sien.

Transparence n. f. « Je suis comme les petits ruisseaux. Ils sont transparents car ils sont peu profonds », disait Voltaire. L'adjectif transparent pouvait qualifier autrefois la personne dont on se rappelait l'existence uniquement en regardant les photos de classe, et à condition d'avoir une excellente mémoire. Désormais, tous les politiques vantent la transparence, comme si on n'avait pas depuis longtemps remarqué à quel point ils l'incarnaient à la perfection. Une société dans laquelle on ne pourrait conserver aucune part de mystère, où toutes nos données seraient enregistrées, nos actes scrutés à la caméra, comme dans la ville de ce bon Christian Estrosi, où l'on pourrait signaler, par un bouton, toute incivilité ou toute pensée s'écartant un peu trop du droit chemin, comme le préconisaient Mounir Mahjoubi ou Laetitia Avia, où la frontière entre sphère privée et sphère publique est effacée, où l'on ne fustige pas ceux qui rapportent des propos tenus en privé mais les auteurs de ces propos si ceux-ci débordent un tant soit peu du cadre de la bienséance, cette société, donc, serait une société sans tache et sans défaut. L'homme idéal du monde globalisé, le citoyen rêvé par nos élites serait par conséquent un anti-Cyrano, une créature hybride mi-Jean Castex mi-Gabriel Attal, « en même temps » totalement insipide et prodigieusement insignifiante, un homme lisse, sans aspérités, qui se méfie de l'humour, accepte avec contrition les reproches et les anathèmes venus d'en haut et qui redoute plus que tout de blasphémer contre l'Esprit du Siècle, bien décidé lui aussi à participer au nettoyage éthique effectué en général en écriture inclusive, marqueur militant du camp du Bien. Un homme qui, pour mieux paraître et s'élever dans sa religion, pratiquerait chaque jour l'exhibition des bons sentiments, l'affichage ostentatoire de vertu, le voyeurisme des consciences et la pornographie de l'âme. Qui pourrait résister à un tel Apollon ? Certainement pas Aurore Bergé. « La morale est convention privée ; la décence est affaire publique », disait Marguerite Yourcenar. C'était avant le perfectionnement des mœurs.

Tripatouiller v. t. Rare mot de la langue française dont la définition pourtant péjorative n'est pas à la hauteur de la laideur des sonorités. Si votre ex-femme vous dit qu'elle aimait plus que tout la façon dont vous la tripatouilliez, dites-vous que la vie est bien faite.

Troublé adj. Mot passé en quelques siècles de l'univers littéraire au bavardage journalistique. « Dans un cœur troublé par le souvenir, il n'y a pas de place pour l'espérance », disait par exemple Musset dans *La Nuit vénitienne*. « Troublé » est aujourd'hui un terme aussi flou que ce qu'il désigne et dont le sens flottant permet de se donner l'air vaguement philosophe à peu de frais. Associé aux mots « en ces temps » et placé en début de phrase, il permet d'affirmer n'importe quelle contre-vérité avec l'aplomb d'un macroniste assurant à quelques jours de l'examen de la réforme des retraites qu'on n'utilisera pas le 49.3, ou à quelques semaines de l'instauration du passe sanitaire qu'on n'interdira jamais aux Français d'aller boire un café. N'hésitez donc pas, à la manière d'un Brice Couturier ou d'un Jean-Michel Aphatie, à utiliser cette expression pour faire oublier l'inanité de vos propos. *En ces temps troublés, il n'est pas inutile de rappeler que s'il ne faut peut-être pas plus d'Europe, il faut sans aucun doute mieux d'Europe, car l'Europe c'est la paix.* Ou encore : *En ces temps troublés, le gouvernement n'a pas ménagé sa peine pour maintenir le niveau de vie des Français.*

Trouple n. m. Synonyme indulgent de « tromperie ». Amour à trois consistant dans 95 % des cas à imposer sa maîtresse ou son amant à son conjoint sous le prétexte commode de la libération des mœurs ou de la *lutte contre les diktats d'une société avide d'imposer à tous le même schéma réactionnaire et patriarcal.* Le tout dans l'unique but de chasser les vestiges de culpabilité hérités d'un christianisme dont les mêmes prétendent pourtant s'être débarrassés en même temps que la religion. Cette pratique est très volontiers moquée sur les réseaux sociaux, particulièrement par tous ceux qui sont en trouple sans le savoir.

U

Ultracrépidarianisme n. m. Mot beaucoup trop long apparu en 2014 comme emprunt du mot anglais *ultracrepidarianism* et désignant le fait de donner son avis sur des sujets qu'on ne maîtrise pas. Il est mort en 2022 lorsque Anne Hidalgo, pour avoir invité quelques maires d'autres grandes villes et avoir organisé de fructueux « partages d'expériences », a considéré qu'elle était « une des rares à connaître (les questions internationales) et à les avoir pratiquées », ajoutant même : « J'ai un positionnement sur ces questions militaires, géostratégiques, qui fait que j'ai une connaissance très précise des questions de défense. » Dès lors, je n'exclus pas, ayant participé dans mon enfance sportive à plusieurs échanges avec des clubs allemands et anglais, de résoudre le conflit russo-ukrainien par un simple coup de téléphone à Vladimir Poutine. Je vous tiens au courant. À noter que l'ultracrépidarianisme, apparu opportunément à une période où il était fortement conseillé d'écouter les recommandations officielles, est souvent dénoncé par des gens qui adorent avoir un avis ridicule sur tous les sujets et qui croient à la légitimité du moindre expert de plateau.

V

Valeurs n. f. Ensemble de principes qui, contrairement à ces derniers, varient encore plus que les valeurs boursières en fonction de l'époque, de la conjoncture mais surtout de l'identité des personnes qui les convoquent dans leur discours pour mieux vous faire croire à leur loyauté. Si un descendant de Jean Moulin vous assure que son aïeul avait des valeurs, méfiez-vous, on n'est jamais trop prudent. Si en revanche un Premier ministre en passe d'utiliser le 49.3 pour promulguer la réforme des retraites ou de l'assurance chômage vous parle de la « valeur travail », si Aurélien Taché évoque les « valeurs républicaines » ou si un patron de multinationale vous vante les « valeurs de son entreprise » qui « font partie de son ADN », il n'y a aucune raison d'être suspicieux.

Validiste n. m. Mot inventé par des gens qui adorent parler au nom des handicapés pour nous reprocher de ne pas les écouter assez et qui luttent au quotidien pour qu'ils soient considérés exactement comme le reste de la population tout en ne cessant de vouloir leur conférer un statut à part, les déclarant en creux, par l'invention même du terme « validiste », « non valides ». Là où le terme

« handicapé » ne les amputait que de leur manque, les créateurs du validisme leur ôtent, si l'on s'en tient à la définition du Robert du mot « valide », jusqu'à la capacité de travail et d'exercice. Et tout le monde a l'air de « valider ».

Végésexuels n. m. Êtres mi-humains mi-végétaux qui prônent les relations sexuelles en non-mixité alimentaire et qui, en tant que végans ou végétaliens, ne s'imaginent pas avoir de rapport charnel avec des omnivores carnassiers. Rien ne les rebute plus que d'être embrassés par des lèvres qui ont été en contact avec de la langue de bœuf, de se faire caresser le visage par des doigts qui ont touché de la joue de porc ou de se faire peloter les cuisses par des adorateurs de jarret de veau. Pour autant, comme tous les militants, les végésexuels sont des gens extrêmement tolérants dès lors qu'on accepte de devenir exactement comme eux. La preuve : ils n'ont absolument rien contre le gazon mal taillé ou les pinèdes inextricables. Si vous voulez les séduire, pensez à vous poser un bout de feuille de salade sur la dent ou à disséminer des carottes râpées un peu partout dans votre barbe. Ces délicates attentions seront du plus bel effet. Inexplicablement, si les végésexuels détestent le contact avec la plupart des animaux morts, ils n'ont rien en revanche contre les saucisses fermes, le boudin noir, les rognons de porc ou les escalopes crues. De même, ils ne peuvent ingérer la moindre goutte d'une sauce qui aurait côtoyé de la chair animale mais pourraient boire vos sécrétions à la source et vous aspirer goulûment jusqu'à l'os sans difficulté.

Végétaliser v. t. (Cf. Vivant.) L'emploi de « végétaliser » s'est généralisé ces dernières années sous l'effet de la montée du discours écologiste. Pendant sa campagne pour les municipales à Paris, Anne Hidalgo a expliqué à de nombreuses reprises qu'elle voulait « végétaliser » la capitale, en y plantant notamment 170 000 arbres d'ici 2026. À Grenoble, le maire Éric Piolle, confronté à des températures de plus en plus caniculaires dans sa ville, a lui aussi pris des mesures en ce sens. Mais ses adversaires lui ont reproché de construire des façades et des toits « végétalisés » pour mieux poursuivre la « bétonisation ». Certes, quelques racines, des touffes d'herbes éparses et de petits arbustes percent régulièrement le bitume mais rien n'égale en « végétalisation » la croissance florissante et l'épanouissement du « greenwashing ».

Vibrations n. f. Si vous rencontrez régulièrement des personnes *toxiques* ou des amants qui se révèlent être des *pervers narcissiques*, ce n'est certainement pas, comme l'a dit Eugène Delacroix, parce que « l'homme est un animal sociable qui déteste ses semblables », c'est tout simplement parce que vous n'écoutez pas suffisamment vos vibrations intérieures. Si le potentiel conjoint qui se présente à vous est beau, drôle, intelligent, profond, généreux, sensible : fuyez ! Ce ne peut être qu'un piège. Si en revanche il est d'une laideur insolente, dégage une odeur putride, met son téléphone en mode haut-parleur dans le métro, est fan de Matthieu Delormeau et de Jul, est profond comme une *morning routine* d'Olivier Dussopt, a le charisme du cadavre d'une loutre en décomposition et s'il vous dit par-dessus tout qu'il a senti des « méga good vibes » la première fois qu'il vous a vue, n'hésitez plus, c'est lui !

Viral adj. Dans un monde globalisé, la qualité d'une information, d'une vidéo ou de toute performance artistique se mesure à sa capacité à toucher le plus de gens possible. Elle doit faire le tour du monde à défaut de nous le faire faire. La faculté à contaminer un maximum d'individus devient alors une qualité, et l'absence de choix des personnes atteintes par ce virus non seulement ne pose aucun problème, mais est régulièrement saluée comme l'aboutissement d'une vie. À la manière du terme « addictif », déjà évoqué dans ces pages, l'essentiel est de parvenir à se frayer un chemin dans le temps de cerveau disponible des citoyens, déjà assaillis de toutes parts, et à s'assurer qu'ils ne liront plus jamais un livre digne de ce nom alors que la grande majorité d'entre eux n'en avait de toute façon nulle intention.

Viril adj. Le mot « viril » est utilisé la plupart du temps de manière péjorative, pour souligner le manque d'ouverture des hommes mais aussi leur agressivité, leur violence ou leur misogynie. C'est par ce mot que *La Dépêche* avait choisi de qualifier le débat plutôt virulent entre Zemmour et Mélenchon sur « TPMP ». Le réalisateur Samuel Benchetrit déclarait quant à lui dans une interview à *Télérama* : « Les hommes virils, je trouve ça ridicule », ajoutant : « Les films de "vrais mecs" sans aucune faille, cela ne m'amuse jamais en tant que spectateur. » La virilité ne permettrait donc pas une certaine sensibilité, les deux seraient incompatibles. Emprunt au latin classique *virilis*, le mot « viril » n'est pourtant à l'origine qu'un simple synonyme de « mâle », « masculin », « de l'homme adulte », avec le sens de « vigoureux », « courageux ». Il n'est pas inintéressant de constater comment des attributs plutôt neutres, voire positifs sont devenus ces dernières années le symbole de l'oppression et du mal. Mais si tout n'est que construction sociale, pourquoi s'inquiéterait-on de caractéristiques qui par conséquent ne peuvent pas être spécifiques au genre ? Parce que ce qu'il y aurait de « toxique » dans la masculinité, si l'on en croit l'idéologie féministe contemporaine, se transmettrait dans l'éducation. Malgré le fait que celle-ci soit en majorité assurée par les femmes ? La masculinité toxique ne serait donc qu'une conséquence de la féminité nocive ? En définitive, les féministes ont raison : c'est beau, l'égalité.

Visibilité n. f. « Sa voix douce et sonore, au frais timbre angélique/Un sourire discret lui donna la réplique/Et je baisai sa main blanche dévotement », écrivait candidement Verlaine, qui ignorait tout, hélas, des bienfaits de la visibilité et de l'art de faire le buzz, autre mot qui aurait pu figurer dans cet ouvrage s'il était paru dix ans plus tôt et si son usage n'était pas désormais réservé exclusivement aux anciens jeunes, aux déjà vieux ou à Stéphane Bern, qui incarne avec brio les deux catégories. Là où le moine et le sage passent à côté de leur vie en vivant en ermite, obéissant bêtement aux injonctions de Merleau-Ponty dans *Le Visible et l'Invisible* (« Il n'y a dans le visible que les ruines de l'esprit »), l'homme moderne, lui, cherche à « gagner en visibilité » pour exister. Et quand bien même il ne le chercherait pas, tout le contraint à devenir un autoentrepreneur de lui-même. Car l'un des charmes incomparables de notre époque est d'obliger le moindre actif, qu'il soit ouvrier, artisan, vendeur ou artiste, à devenir un promoteur d'égotisme si satisfait de sa personne qu'il entend vous en vanter les mérites sur tous les canaux médiatiques que le dieu de la communication a bien voulu nous léguer dans son immense bonté. Cela permettra, selon l'expression bénie, de mieux « occuper l'espace médiatique ». Les Allemands l'avaient parfaitement compris : quoi de mieux pour se sentir vivant que l'occupation ?

Vivant n. m. Catégorie qui regroupe toutes les espèces vivantes à l'exception de l'homme, qui-n'est-rien-qu'un-destructeur-de-planète. Le terme est exclusivement employé par des individus qui habitent dans les grandes métropoles, et sont à la connaissance de la nature ce que Sandrine Rousseau est à la réflexion. Ils ressemblent à ces touristes qui, pour visiter la tour Eiffel, se rendent à Las Vegas. Bien qu'ils ne sachent pas distinguer une pelle d'une bêche, qu'ils ne côtoient que du béton et qu'ils soient persuadés que le vélo est un végétal, ils n'hésitent jamais à vous donner des leçons de « vie respectueuse de la nature » depuis leur immeuble parisien qu'ils sont convaincus d'avoir entièrement végétalisé grâce à l'achat de quelques copeaux de bois au Castorama de la place de Clichy. Leur connaissance animalière se limite à l'observation de pigeons au parc du quartier, mais cela ne les empêche pas de crier au crime contre l'humanité lorsqu'on leur parle de « régulation des sangliers », eux qui partent en courant lorsqu'ils aperçoivent un cochon sauvage lors de leur randonnée estivale en Corse.

Voilà prép. En fin de compte, évidemment, en outre, cependant, nous sommes bien d'accord, j'en conviens, il va sans dire que, en définitive, j'aime à penser que, de fait, si bien que, dorénavant, dans le même temps, et pour cause. Mot ayant peu à peu remplacé la virgule et le point dans les interviews d'après-match des footballeurs et dans les discours des invités de « La Grande Librairie ». Il constitue, avec « après » et « du coup », l'essentiel du vocabulaire de Christine Angot.

W

Win-win adj. inv. Stratégie grâce à laquelle le perdant n'a même pas conscience de s'être fait entuber. *Les États-Unis ont proposé à l'Europe un accord commercial win-win*; ou encore : *Bruno Le Maire assure que les discussions avec les multinationales ont débouché sur une stratégie win-win.*

Wokefishing n. m. Si l'on en croit la définition donnée par les inventeurs de ce concept révolutionnaire, le « wokefishing » consisterait à feindre un engagement féministe, antiraciste, animaliste ou plus largement progressiste pour attirer des militants dans ses filets. Bref, on est à deux doigts d'inventer la notion de « séduction ». Au risque d'apprendre quelque chose aux partisans du bien, il est rare en effet qu'on tente de séduire autrui en révélant d'emblée tout ce qui est susceptible de lui déplaire. Ainsi, il est fortement conseillé, lors d'un premier rendez-vous, d'éviter de dévoiler son goût prononcé pour les poupées gonflables, son penchant pour l'anthropophagie ou sa participation pleinement consentante à un concert de Jérémy Frérot. On surprendrait sans doute beaucoup nos militants si on leur révélait que le verbe « séduire » est issu du latin *seducere*, « emmener à part, à l'écart », puis en latin ecclésiastique, « corrompre, détourner du droit chemin », et qu'il est composé du pronom réfléchi « se » (« à soi ») et *ducere*, « tirer à soi », « tromper ». Peut-être même que si ces militants avaient l'idée saugrenue de remplacer le terme « wokefishing » par « courtiser », ils découvriraient que cette notion n'est pas tout à fait nouvelle. Mais n'allons pas trop vite en besogne et respectons le rythme de chacun. « Qu'une âme généreuse est facile à séduire ! » disait Racine, qui n'avait pourtant jamais eu la chance de croiser Maïa Mazaurette. On espère de tout cœur que ces femmes ne pousseront pas plus loin leurs investigations. Elles risqueraient de découvrir que l'amour provoque parfois des désillusions et qu'il est possible de croiser sur terre des personnes pas toujours bien intentionnées.

Blâmer le « wokefishing » est en outre parfaitement injuste car devenir un professionnel de cette discipline requiert des qualités d'adaptation bien au-dessus de la moyenne : il faut être capable de complimenter sa proie en évitant les louanges non sollicitées, de lui jurer fidélité et amour éternel tout en considérant ces concepts comme l'expression d'un conservatisme rance, de se montrer viril en condamnant la masculinité toxique, d'affirmer dans le même temps l'égalité des sexes et la supériorité de la femme et enfin d'inciter les hommes à rejoindre le combat féministe tout en clamant que leur parole ne vaut rien.

Wokisme n. m. Progressisme arrivé à maturité. Non, il n'y aura pas de vanne ici, le wokisme se chargeant d'en produire chaque jour et bien plus que nécessaire.

Wow ou **waouh** interj. Exclamation polysémique qui peut aussi bien signifier « génial », « bouleversant »,

« ahurissant », « singulier » que « gênant » ou « rien à foutre ». Cette dernière acception est extrêmement commode pour répondre à une anecdote de vacances d'un collègue de bureau ou au récit de sa journée de votre conjoint.

X

Xénogenres n. m. Personnes qui s'identifient à un être non humain, qu'il s'agisse d'une cybersirène asexuelle, d'un elfe alien non binaire, d'un tapir unijambiste queer ou de Madonna. Ils sont souvent moqués par tous ceux qui ont oublié qu'un héros du cinéma policier, fin stratège et grand séducteur, s'est lui-même identifié à une suite de chiffres.

Z

Zèbre/HPI n. m. Nouvelle appellation destinée à remplacer l'appréciation « peut mieux faire mais n'exploite pas suffisamment ses capacités » sur les bulletins. Le diagnostic zèbre est une forme de compensation aux tarifs des psychologues pour les parents angoissés à l'idée de n'avoir mis au monde que des « sous-doués ». Les parents d'enfants zèbres ou HPI aiment plus que tout annoncer de manière dramatique aux non-initiés le « handicap » de leur enfant. Ce sera, bien involontairement, leur seul moment de lucidité. Ils adorent se réunir avec d'autres parents dans le même cas et évoquer leurs difficultés, persuadés de faire partie d'une élite pour le seul fait d'avoir pondu un rejeton à peine moins con qu'eux. Convaincus d'être hors norme, les zèbres, une fois le diagnostic établi, adoptent chaque jour une attitude plus autocentrée et se livrent à une introspection frénétique inversement proportionnelle à leur goût pour l'effort et à leur désir d'apprendre. Cela explique qu'on les retrouve ensuite majoritairement en école de la dernière chance, voire, pour ceux qui ont abandonné tout espoir de réussite scolaire, dans des établissements Montessori.

Les mots qui auraient presque pu figurer dans cet ouvrage

Activer, adapter, ausculter, atterrissage, bitcher, body positive, booster, bruncher, candidater, capacité (en), confinement, confusant, cranter, déployer, désamorcer, détonnant, didactique, driver, éclairé, électrochoc, empathie, épuré, femmage, fixer (pour un incendie), flexibilité, flexsécurité, galopante (inflation), genre, gentrification, ghoster, gouvernance, grogne, implémenter, imprimer, ingrédients, januhairy, lead, ligne (en première), lunaire, manterrupting, mode (en), nanophobie, pastille, pépite, pétro-masculinité, poignant, prioriser, qualitatif, quitting (quiet), radicalisation, réconcilier, relent, skills, storytelling, sublimer, trash, vague, valider, vivre-ensemble, webinaire.

Mais plusieurs ont déjà été traités dans *Marianne*, et vous n'avez qu'à vous abonner, merde, plutôt que de laisser la presse écrite sombrer dans l'indifférence la plus totale ! D'autant que je ne serai pas toujours là pour vous tenir la main. D'autre part, paraîtra en mai prochain aux Éditions de l'Observatoire un ouvrage qui complétera celui-ci en abordant notamment les expressions haïssables. Tous vos besoins seront donc comblés en l'espace d'un an. Vous savez tout. Adieu donc, hypocrites lecteurs, mes semblables, mes frères.

Les mots aimables

Pour être complet, il eût sans doute fallu ne pas se contenter d'éreinter certains mots mais également en réhabiliter d'autres qui pourraient servir d'antidote à notre époque ou en révéler ce qu'elle tente encore bien maladroitement de dissimuler sous un voile transparent laissant apparaître aussi bien ses bourrelets de bien-pensance que ses vergetures causées par ses tentatives d'adaptation constante à l'air du temps.

Il eût fallu regretter la quasi-disparition du mot « badaud » qui serait très utile pour désigner ceux qui passent leur temps à scruter le moindre fait divers sordide, les plus insignifiantes annonces des célébrités ou la vie intime de leurs contacts sur la toile. Mais là où quelques passants agglutinés autour d'un accident de voiture étaient aisément identifiables, il est devenu impossible de les distinguer dans la masse informe des acharnés d'Internet qui s'étend chaque jour davantage.

Il eût fallu désirer qu'on restaurât la vergogne, issue du latin *verecundia*, « retenue, réserve, modestie, sentiment de honte ou de pudeur », pudeur dont nous avons brillamment exposé les limites sémantiques actuelles dans cet ouvrage qui fera date et qui fait déjà office de référence en matière de… d'à peu près tout. Dérivée de l'adjectif *verecundus*, « respectueux, réservé », venant lui-même du verbe *vereri*, « éprouver une crainte religieuse ou respectueuse pour », « avoir scrupule à », la vergogne est indissociable d'autrui, de la conscience de sa présence et de la prise en compte de son bien-être. La vergogne ne serait donc pas complètement inutile à ceux qui tiennent plus que tout à partager avec nous dans les transports leur amour pour Jul, leurs exploits sexuels de la veille ou leurs astuces dépilatoires. Elle est sans doute la plus à même de traduire cet *aïdos* des Grecs dont nous semblons nous éloigner chaque jour davantage tant nous ressemblons au peuple rebelle décrit par le prophète Jérémie : « Par leurs abominations ils se couvrent de honte, mais ils n'éprouvent pas la moindre honte, ils ne savent même plus rougir. »

Il eût fallu, pour mieux faire correspondre les mots et la réalité qui est la nôtre, réclamer à cor et à cri le retour des obséquieux (emprunté au latin *obsequiosus*, « plein de complaisance », qui exagère les marques de politesse, d'empressement, par servilité ou hypocrisie) et des fats, (emprunt, 1534, de Rabelais à l'ancien provençal *fat*, « sot », issu du latin *fatuus*, « qui n'a pas de goût », satisfaction de soi-même qui s'étale d'une manière insolente, déplaisante ou ridicule). Les premiers ne se contentent jamais de leur lâcheté et, craignant de ne pas avoir suffisamment d'occasions de céder tout ce qui leur reste d'honneur, cherchent sans cesse à accorder à leurs maîtres, voire à leurs bourreaux tout ce que ces derniers n'ont pas même encore eu l'idée de leur demander. Les seconds, souvent doublés de cuistres, comme le rappelle l'étymologie, semblent avoir trouvé leur représentation la plus accomplie dans la figure des influenceurs en général et de Bruno Le Maire en particulier.

Il eût fallu convoquer la contrariété, vrai nom de l'offense moderne brandie bien souvent quand il n'y a nul affront, nulle injure, nulle insulte, nul outrage mais un simple « déplaisir causé par une opposition » et par la découverte pour ces candides apôtres du bien que les frottements sont inévitables et inhérents à la nature humaine – comme le rappelle d'ailleurs l'étymologie du mot « offense » (*offensa*, action de se heurter) dont la définition moderne s'est hélas un peu éloignée. Leur narcissisme exacerbé les incline à confondre humiliation et vexation et à transformer une légère brimade en agression intolérable. Loin de combattre leur susceptibilité maladive et leurs pulsions vengeresses, ils ne songent qu'à les entretenir en recherchant au sein même des pièces qui pourraient leur ouvrir la voie de la catharsis des affronts déguisés qui leur seraient destinés, l'anachronisme n'étant pas le dernier de leur vice. « Ne pas se rendre au théâtre, c'est comme faire sa toilette sans miroir », disait pourtant Schopenhauer. Mais ils le considéreraient sans doute comme un dangereux défenseur du patriarcat. En effet, ceux qui ne se départissent jamais de leurs lunettes du présent même pour explorer les époques les plus reculées ne cessent de reprocher à ceux qui nous ont précédés d'avoir été trop imprégnés par les idées de leur époque. « Un temps ne s'ajuste jamais bien dans un autre et ces anciens tableaux qu'on veut faire entrer de force dans de nouveaux cadres font toujours un mauvais effet », écrivait Tocqueville. Cela n'empêche nullement nos militants de considérer *des* représentations d'Eschyle comme racistes, Dom Juan et Carmen comme sexistes, et il s'en faut de peu qu'on qualifie Racine de classiste et Corneille de défenseur du patriarcat. Hélas, il n'est pas donné à tous les dramaturges de traverser les siècles sans encombre comme le fera sans doute Mme Taubira.

Il eût fallu réclamer le retour de l'instituteur – mot emprunté au latin classique *institutor*, d'*instituere*, « mettre sur pied », « former », « instruire » – trop souvent remplacé par l'administratif « professeur des écoles » quand ce n'est pas le triste et égalitaire « enseignant » mis sur le même plan que l'*apprenant*, avec la réussite que l'on sait.

Il eût fallu exalter le terme « suranné » à l'heure où tout ce qui est un peu archaïque ou désuet est nécessairement *rance*, moisi et à *dépoussiérer* de toute urgence, hormis bien sûr ce qu'il en reste de plus superficiel, c'est-à-dire les vêtements et la déco magnifiquement rebaptisés « vintage » par les historiens directeurs de marketing. « Suranné », mot qui est devenu sa propre définition (« qui a cessé d'être en usage, qui évoque une époque révolue »), nous emmène sur la douce pente de la nostalgie non criminalisée, pas la nostalgie caricaturée du « c'était mieux avant », plutôt celle qui ne vit pas uniquement dans le passé mais ne néglige pas d'y retourner avec plaisir, celle qui ne nie pas des progrès indéniables mais qui ne ferme pas les yeux devant des reculs désastreux, celle qui est consciente des dangers de la confusion entre retours en arrière et renoncements sans retour. Car quand bien même on se rendrait compte, à la manière du narrateur de *La Lune et les Feux*, de Cesare Pavese, l'un des chantres de la nostalgie en littérature, que le passé et le présent se ressemblent comme deux frères (« C'était étrange comme tout avait changé et comme tout était pourtant identique »), au moins ne serions-nous pas oublieux de nous-mêmes et ne risquerions-nous pas le déracinement. Gaston Bachelard disait à ce propos dans *La Poétique de la rêverie* : « Il est parfois très bon de vivre avec l'enfant qu'on a été. On en reçoit une conscience de racine. Tout l'arbre de l'être s'en réconforte. » Et si le narrateur de *Du côté de chez Swann* reconnaît passer « la plus grande partie de la nuit à (s)e rappeler (sa) vie d'autrefois », c'est peut-être que non seulement cette activité ne présente aucun danger mais qu'en outre elle procure un certain plaisir. Le grand Charles lui-même ne rendait-il pas un magnifique hommage à la nostalgie dans « Moesta et Errabunda » ?

« Mais le vert paradis des amours enfantines
Les courses, les chansons, les baisers, les bouquets
Les violons vibrant derrière les collines
Avec les brocs de vin le soir dans les bosquets [...]
Peut-on le ranimer avec des cris plaintifs
Et l'animer encore d'une voix argentine
L'innocent paradis plein de plaisirs furtifs ? »

Il eût fallu également faire l'éloge de la flânerie. Pour le plaisir de la promenade, et celui de l'observation frisant la contemplation, loin des *déambulations* politiques toujours soumises à des *objectifs*, loin des trajets reliant le domicile au travail souvent peu propices à la rêverie, courir pour ne pas rater son train laissant rarement l'occasion de prendre le temps de les regarder passer. Pour faire durer le temps comme le préconisait Brassens :

« Jugeant qu'il n'y a pas péril en la demeure
Allons vers l'autre monde en flânant en chemin
Car, à forcer l'allure, il arrive qu'on meure
Pour des idées n'ayant plus cours le lendemain. »

Quoi de plus plaisant que de marcher sans autre but que celui d'aller au-dehors, d'aérer son esprit, voire d'en trouver un précisément en route ou, à la manière du poète décrit par Léo Ferré, de « sortir ses mots pour prendre l'air » ? À quoi sert de vivre si ce n'est pour respirer les fragrances (du latin chrétien *fragrantia*, « odeur suave ») de la nature à même de chasser les cinquante nuances d'odeurs nauséabondes qui s'exhalent des idées néfastes de « la droite et de l'extrême droite » et qu'un journaliste de *Libé* peut identifier en moins de trois secondes les yeux fermés ?

Il eût fallu célébrer la quiétude, mot emprunté (1482) au bas latin ecclésiastique *quietudo, -inis*, du latin classique *quies*, *quietis*, « repos », « vie tranquille », « calme paisible » selon Le Robert, « paix mystique de l'âme » en théologie.

Si, comme le dit le dicton, « l'oisiveté est la mère de tous les vices », il n'est pas certain que le règne de la distraction frénétique lui soit préférable et il serait dommageable de confondre paresse et désœuvrement volontaire, « morne incuriosité », pour reprendre le mot de Baudelaire, et indolence assumée propice à la réflexion silencieuse. Apprivoiser l'abattement pour éviter qu'un jour il s'engouffre subrepticement, grignote jusqu'à nos velléités de résistance et étende son empire jusqu'à notre âme. Laisser les prémices de la langueur nous atteindre, ne pas les enfouir sous les sollicitations visuelles, résister à la tentation de les chasser à grands coups de notifications, affronter le trouble du néant existentiel qui nous remémore notre poussière originelle, ne pas s'évertuer à le combler aussitôt par du vide ou de l'agitation et accepter l'ennui, ce faux ennemi que l'école moderne s'est construit, le seul qui puisse frayer un chemin vers la lecture et nourrir l'imaginaire. Voilà un vaste programme de désoccupation qui requiert paradoxalement beaucoup d'énergie dans une société d'incitations comme la nôtre. Hélas, comme le remarque magistralement Pierre Mari dans son essai *Contrecœur*, « l'injonction régnante veut désormais que le moindre petit morceau d'espace soit enrôlé sous la grande bannière de la Signification : panneaux pédagogiques, plaques commémoratives, "lectures" de paysages offertes aux promeneurs, installations plastiques censées réveiller des lieux assoupis, monuments-symboles d'une identité territoriale, tout est fait pour qu'aucune portion du monde qui nous environne ne reste muette. Même un rond-point doit y aller de son bavardage esthético-ludico-citoyen ». L'auteur ne pouvait pas deviner que les cimetières mêmes seraient désormais contaminés par le fond sonore de nos vies qu'est le verbiage et qu'on pourrait, en flashant un QR code, avoir accès à un mémorial en ligne en l'honneur du défunt, à la manière de ce qui se faisait déjà au Japon et aux États-Unis. L'aspect des tombes, les caveaux familiaux, les fleurs, les épitaphes, les dates de naissance et de mort elles-mêmes racontent déjà tellement de choses… Insuffisant. Il a fallu que la communication et le divertissement triomphent jusque dans l'au-delà et que ne demeure sur terre aucune part de mystère. Laissons conclure Pierre Mari : « Il devient presque incongru de rappeler, face à cette logique de saturation, que notre appareil sensoriel, et notre regard au premier chef, ont besoin de jachères du sens : il ne saurait y avoir ni intelligence des choses ni sensibilité au monde dans un environnement qui nous harcèle de ses jacassements instructifs ou inspirés. »

Il eût fallu, enfin, redonner ses lettres de noblesse au péché mais uniquement au singulier, le pluriel véhiculant une vision comptable de la vertu dans laquelle l'éternité semble pouvoir être rachetée à la découpe. Issu du latin *peccatum*, « faute contre la loi divine », mais aussi « action coupable, erreur », et trop connoté religieusement, il n'a pas résisté à la sécularisation du monde. C'est pourtant lui seul qui nous rend égaux en nous faisant prisonniers dès l'origine tandis que la mort semble frapper injustement et la vie récompenser ou maudire de façon aléatoire. C'est lui qui nous rend humbles quand nous constatons que, quels que soient nos vœux, nous sommes rattrapés par notre nature corrompue et son emprise que l'apôtre Jean résume ainsi : « La convoitise de la chair, la convoitise des yeux, et l'orgueil de la vie. » C'est lui qui érode ce qu'il y a de plus vil comme ce qu'il y a de plus précieux, sans distinction, et qui pervertit jusqu'à notre penchant pour ce qu'il y a de noble et de vertueux. Lui seul nous oblige à puiser dans l'amour véritable pour enfin triompher de lui. Il nous contraint à ne pas nous satisfaire de notre médiocrité pour devenir meilleur.

Il est enfin le seul à si bien illustrer le contraste, le décalage parfois abyssal entre le mal commis et le mal subi, décalage magnifiquement symbolisé par l'histoire d'Aman dans le livre d'Esther. Pécher, ce n'est pas seulement commettre le mal, c'est aussi se tromper, rater le but, manquer la cible. Les souffrances que l'on impose aux autres sont parfois le fruit d'une simple désinvolture, d'une légère indifférence, d'une période d'égarement, d'un trop grand égocentrisme, pas toujours, loin de là, d'une volonté de blesser son prochain et de le faire sciemment souffrir. Paul lui-même ne disait-il pas, dans sa lettre aux Romains : « Je ne fais pas le bien que je veux, et je fais le mal que je ne veux pas » ?

L'italien a tellement bien conservé cette polysémie étymologique que le mot « *peccato* » signifie à la fois

« faute », « péché » et « dommage ! », « tant pis ! ». Et c'est précisément « dommage » que ce mot ne soit plus là pour illustrer le mystère du mal et sa satanique complexité.

Il y a quelque chose d'assez ironique également à ne plus supporter un terme trop empreint de morale chrétienne et trop chargé de culpabilité dans un monde gorgé de vocabulaire militant où l'on excommunie avec une rapidité déconcertante et où l'emploi de certains mots est considéré comme un sacrilège.

J'ai choisi à dessein non des mots rares mais des mots que d'aucuns considéreront encore courants pour mieux illustrer la chute vertigineuse de la langue française, chute accélérée par l'absence de résistance de ceux qui sont censés la préserver pour que subsiste la possibilité de décrire des réalités différentes, afin de briser le règne du jargon et des mots creux et le cercle infernal de la répétition en boucle des mêmes sentences. Afin de faire cesser cette frénésie visant à jeter chaque jour des dizaines de mots dans la fosse sépulcrale, autre mot tendant à disparaître pour mieux dissimuler la réalité et l'omniprésence de la mort dans nos vies futiles.

Note

1/ J'ai très largement utilisé, pour les étymologies, le *Dictionnaire historique de la langue française* (Le Robert).

2/ Certaines définitions sont directement inspirées de mes chroniques hebdomadaires dans *Marianne* mais ne sont jamais identiques à celles-ci, soit qu'elles aient été traitées de manière totalement différente, soit qu'elles aient été modifiées de façon beaucoup plus subtile, à la manière d'un étudiant recopiant dans un devoir une réponse de ChatGPT. La définition du mot « neutre », quant à elle, s'appuie en grande partie sur un article publié sur le média en ligne Élucid.

3/ Pour ceux qui souhaiteraient que je fasse un sort à d'autres mots, sachez qu'une cagnotte Leetchi sera bientôt ouverte pour soutenir ce projet et qu'en attendant vous pouvez trouver mon RIB en quatrième de couverture.

Remerciements

Comment ne pas commencer par vous remercier, chers lecteurs HPI, d'avoir achevé la lecture de cette œuvre à la fois challengeante, décalée et disruptive ? Qui mieux que vous pourrait aider cette société sclérosée à avancer en infusant des idées inspirantes pour combattre le conservatisme ambiant, les positions rétrogrades et réactionnaires ainsi que les propos rances et nauséabonds rappelant les heures les plus sombres de notre histoire ? Vous seuls, grâce à votre intelligence collective, votre travail en synergie et vos madskills, avez la capacité de faire triompher le progressisme et de mener l'humanité sur la voie du néolibéralisme bienveillant et inclusif ruisselant de tips efficients et agiles pour toutes et tous et de projets qui changent les paradigmes tout en réinitialisant nos logiciels. En responsabilité.

Gageons que cet ouvrage authentique, irrévérencieux et cash, mais néanmoins rempli de vrais sujets concernants et de belles valeurs engagées et éthiques, vous aidera à conscientiser la nécessité de déconstruire urgemment vos stéréotypes, à décrypter les discours clivants et les termes malaisants ou problématiques, à vous réapproprier vos vibrations empouvoirantes, à mieux vous positionner dans cette société hétérocentrée et à maximiser votre capital culturel afin de le rendre plus impactant et bankable pour des stratégies de transparence win-win et un solutionnisme efficient qui vous feront gagner en visibilité.

Je remercie mes proches d'avoir su faire preuve de pédagogie pour m'aider à me recentrer et à revisiter mes pratiques de production de contenu en étant plus proactif et en phosphorant davantage sur le narratif afin de muscler le mindset. Nul doute que, grâce à eux, ce dictionnaire déjà iconique et inclassable matchera avec son public pour mieux rayonner à l'international.

Je tiens à remercier également Valérie Pécresse, qui m'a aidé, grâce à son éblouissant discours du Bourget, à prendre confiance en moi et à vaincre mes réticences et ma peur de l'échec.

Je remercie tous ceux qui ont contribué à la naissance de ce livre : tous les assassins de la langue, les débiteurs de néologismes à la seconde, les inépuisables générateurs d'éléments de langage, les émasculés de la littérature, les amputés du verbe. Parmi eux, je tiens à remercier en particulier les linguistes autoproclamés qui n'hésitent pas à parler d'enrichissement extraordinaire à la moindre apparition d'un nouveau mot tout en admettant que leur durée de vie est en général équivalente à celle d'une idée altruiste dans le cerveau d'Emmanuel Macron, et qui trouvent formidable n'importe quelle évolution de la langue tout en expliquant qu'il y en a toujours eu et que cela n'a donc rien de nouveau ni d'exceptionnel.

Ce livre n'aurait jamais pu voir le jour sans les politiques, les journalistes, les coachs en développement personnel, les magazines féminins et surtout Augustin Trapenard, qui ferait passer du Bernard Werber pour du Baudelaire et dont la profondeur des questions me redonne régulièrement envie de relire l'intégrale de Ribéry.

Je remercie la Providence de m'avoir fait vivre à une époque où il existe des « romans » d'Aymeric Caron, d'Aurélie Valognes ou de Clémentine Autain.

Je remercie mon mentor Edwy Plenel, qui est à l'honnêteté intellectuelle ce que Neymar est au goût de l'effort et à l'humour ce que les Balkany sont à la vie de bohème.

Enfin je remercie celle sans qui rien n'aurait été possible, qui a toujours été à mes côtés dans les bons comme dans les mauvais moments, qui a été un guide pour moi, qui a su me reprendre lorsque je m'égarais et qui ne m'a jamais déçu : ma sagesse.

Imprimé en France par
CPI Brodard & Taupin
en août 2024
N° d'impression : 3057956

#lisez engagé !
www.lisez.com
Pour plus d'information :
Imprimé sur du papier issu de forêts gérées durablement.

Pocket – 92 avenue de France, 75013 PARIS

S34429/01